Neff

GEORGES HOYAU

Hohes Haus
oder
Politik in Anekdoten

PAUL NEFF VERLAG
WIEN · BERLIN

Ein Band in der Reihe
KLEINE NEFF-BREVIERE
Hrsg. Karl Andreas Edlinger

Umschlagabbildung: Archiv VPM
Druck und Bindung: Mohndruck, Gütersloh
Printed in Germany 1991
ISBN 3-7014-0753-3

Vorwort

Das Thema dieses Buches ist sehr alt und relativ neu zugleich. Politik, Demokratie, Partei, Plebiszit, Republik, Senat – die vielen politischen Begriffe, die wir den Griechen und Römern entlehnt haben, erinnern uns ständig daran, daß es Politik im heutigen Sinne vor langer Zeit schon einmal gegeben hat.

Aber erst mehr als ein Jahrtausend nach dem Untergang der Demokratie in Hellas und Rom wurden ihre Prinzipien wiederbelebt: 1215 rangen die britischen Adeligen und Bürger ihrem Souverän die Magna Charta ab.

Ein weiteres halbes Jahrtausend verging, ehe diese Prinzipien dieseits und jenseits des Atlantiks Fuß faßten: 1776 in der amerikanischen Unabhängigkeitserklärung, die „das Leben, die Freiheit und das Streben nach Glück" als „unveräußerliche Rechte" bezeichnete, und 1789 in den französischen Menschen- und Bürgerrechten: „Der Mensch wird frei und an Rechten gleich geboren ..."

Was in den zweihundert Jahren, die seither vergangen sind, in der Politik und durch die Politik geschehen ist, versucht dieses Buch in mehr als 500 Anekdoten zu schildern. Die Politiker, die darin zu Wort kommen, umfassen alle Schattierungen der politischen Palette — vom grellsten Rot bis zum tiefsten Schwarz, von der extremen Linken bis zur äußersten Rechten, von den Höhen der Staatskunst bis zu den Niederungen der Demagogie, und was sie im Verlaufe von zwei Jahrhunderten sagten, zeigt die Politik so, wie sie nun einmal ist: immer vielfältig, manchmal verwirrend, oft widersprüchlich.

Wer diese verwirrende, widersprüchliche Vielfalt präsentiert, muß einen festen Standort haben. Er ist durch den Titel des Buches gegeben: Hohes Haus!

Diese beiden Worte sind mehr als eine rhetorische Formel, mit der Parlamentsreden beginnen. Aus ihnen spricht zugleich mit dem Respekt vor der Volksvertretung die beruhigende Gewißheit, daß die Politik im Saale und nicht auf der Straße stattfindet. Sie sind Ausdruck einer Gesinnung, die den Gegner überzeugen, aber nicht überwältigen will, einer Lebensform, in der man nicht nur redet, sondern auch reden läßt, in der nicht nur gesprochen, sondern auch widersprochen wird. Durch Diskussion und Konfrontation unterscheidet sich die Welt, in der wir leben, von jener, über die Stanislaw Jerzy Lec einmal gesagt hat: „Wo alle einstimmig singen, ist der Text ohne Bedeutung."

Deshalb soll auch am Anfang dieses Buches ein Wort stehen, das einst am Beginn der europäischen Demokratie stand: „Ich lehne ab, was du sagst, aber ich trete dafür ein, daß du es sagen darfst!"

G. H.

KAPITEL I

Was will der dritte Stand

oder

FREIHEIT, GLEICHHEIT, BRÜDERLICHKEIT 1789—1848

Man kann die menschliche Gesellschaft in zwei Gruppen teilen: in jene, die mehr Hunger als Essen und jene, die mehr Essen als Hunger haben.

Nicolas Chamfort, 1790

Nach Jahrhunderten bourbonischer Alleinherrschaft traten am 5. Mai 1789 in Versailles zum ersten Male die Generalstände zusammen: je dreihundert Vertreter des Adels, der Geistlichkeit und der Bürger. Einer ihrer ersten Beschlüsse war, die Zahl der Vertreter des Bürgertums zu verdoppeln. „Aber das ist ja Revolution", sagte ein Höfling entsetzt zum Deputierten *Pange*. „Nein", erwiderte Pange gelassen. „Das sind 1200 Revolutionen!"

Schon nach wenigen Tagen verließ der Dritte Stand die Beratungen der Generalstände. Die Bürger gründeten im Ballspielhaus eine konstituierende Nationalversammlung und schworen am 20. Juni, nicht auseinanderzugehen, ehe nicht eine neue Verfassung beschlossen sei. Was die Abgeordneten bewegte, hatte der Abbé *Sieyès* in seiner berühmten Schrift „Qu'est – ce que le tiers-état?" in wenige Worte zusammengefaßt: „Was ist der Dritte Stand? – Alles! – Was bedeutet er? – Nichts! – Was will er? – Daß er etwas bedeute!"

Was der Dritte Stand wollte und was die Französische Revolution schließlich mit Strömen von Blut erkaufte, war in England im Laufe von Jahrhunderten evolutionär herangereift: die Freiheit und Gleichheit der Menschen in einer demokratischen Ordnung. Die Vorteile, die eine konstitutionelle Monarchie nicht nur dem Volke, sondern auch dem Herrscher bringt, hat der Enzyklopädist *Jean d'Alembert* in ein symbolträchtiges Bild gekleidet. Als man sich in einem Pariser Salon über die Residenzen der europäischen Fürsten unterhielt, meinte er: „Am schönsten residiert der König von England, denn er hat zwei Häuser: das Oberhaus und das Unterhaus."

Common sense – nüchterner, praktischer Menschenverstand war das Kennzeichen der englischen Politik. Das galt auch für die Könige. So wurde in London ein Journalist verhaftet und vor Gericht gestellt, weil er eine von ihm frei erfundene Thronrede *Georges II.* veröffentlicht hatte. Auf der Fahrt ins Unterhaus zur Parlamentseröffnung sagte der König zu seinem Lordkanzler: „Ich hoffe, er kommt glimpflich davon. Ich fand seine Rede bedeutend besser als meine!“

Die englische Justiz beruht nicht auf geschriebenen Gesetzen, sondern auf den in langen Jahrhunderten gesammelten Erkenntnissen, in deren Licht die Richter jeden einzelnen Fall individuell beurteilen. Der *Marquis of Halifax* meinte dazu einmal: „Menschen werden nicht gehenkt, weil sie Pferde stehlen. Sie werden gehenkt, damit andere keine Pferde stehlen.“

Im nüchternen politischen Klima der britischen Insel gedieh auch die Korruption nur schlecht. Ein Bittsteller kam zum *Herzog von Marlborough* und sagte, um seinem Anliegen Nachdruck zu verleihen: „Ich gebe tausend Pfund dafür. Kein Mensch erfährt ein Sterbenswörtchen!“ Lachend erwiderte der Herzog: „Geben Sie mir zweitausend Pfund und erzählen Sie es jedem!“

Innerhalb der demokratischen Spielregeln war die politische Auseinandersetzung in England oft von bemerkenswerter Schärfe. Das Unterhausmitglied *Crowle* war zur Zeit Georgs II. dazu verurteilt worden, einen Verweis des Speakers wegen Beleidigung des Hauses kniend zur Kenntnis zu nehmen. Nachdem er die Vorhaltungen angehört hatte, erhob sich Crowle, säuberte die Knie mit einem Taschentuch und sagte: „Das ist eines der schmutzigsten Häuser, das mir je untergekommen ist.“

Der *Earl of Sandwich* und *John Wilkes* lebten seit Jahren in politischer Fehde. Eines Tages rief der Graf seinem Opponenten zu: „Sie werden entweder am Galgen oder an der Lustseuche verenden!“ Wilkes erwiderte: „Das wird davon abhängen, ob ich Ihre Prinzipien oder Ihre Mätresse übernehme.“

Eine der bedeutendsten Persönlichkeiten des englischen Unterhauses war *Charles Fox*, der zusammen mit *Edmund Burke* die Opposition gegen das Kabinett North anführte und für eine versöhnliche Politik gegenüber den Unabhängigkeitsbestrebungen in den amerikanischen Besitzungen eintrat. Als nach der Schlacht von Saratoga im Jahre 1777 der endgültige Verlust der Kolonien unvermeidlich erschien, spottete Fox: „Lord North hat in einer einzigen Schlacht mehr Territorium verloren, als Alexander der Große in sämtlichen Feldzügen erobert hat!“

Lord North war seinerseits ein Staatsmann von souveränem Witz. Einmal ließ er im Unterhaus eine ebenso lange wie langweilige Rede mit geschlossenen Augen über sich ergehen, so daß der Sprecher schließlich bemerkte: „Mir scheint, der ehrenwerte Premierminister ist eingeschlafen!“ Träge hob North ein Augenlid und sagte: „Ich wünschte, ich wäre es ...“

Als ein andermal *Oberst Barry* ausführlich über die maritime Politik sprach, beschloß North tatsächlich zu schlafen und sagte zu seinem Nachbarn auf der Regierungsbank: „Weck mich, wenn es interessant wird.“ Als es soweit war, fragte North: „Was sagt er denn jetzt?“ Der Nachbar antwortete: „Er ist bei der Schlacht von La Hogne.“ „Um Himmels willen“, sagte North, „du hast mich um ein Jahrhundert zu früh geweckt.“

Tatsächlicher oder simulierter Schlaf war im Unterhaus ein legitimes Mittel der Bekundung des Desinteresses. Als sich einmal ein bekannt schlechter Redner mit einem Bündel von Dokumenten anschickte, in die Debatte einzugreifen, erhob sich Edmund Burke und erklärte: „Ich habe nichts gegen die beabsichtigte Rede. Der ehrenwerte Abgeordnete wird aber gestatten, mich auf sie entsprechend vorzubereiten. Ich werde jetzt nach Hause gehen und meine Nachtmütze holen.“

Parlamentarier, die lange und langweilig sprachen, waren nicht nur im englischen Unterhaus gefürchtet. Im amerikanischen Senat polemisierte einmal *Alexander Smyth* endlos gegen *Henry Clay* und rief ihm zu: „Sie sprechen für die Gegenwart; ich aber spreche für die Nachwelt.“ Clay rief dazwischen: „Leider scheinen Sie so lange sprechen zu wollen, bis Ihre Zuhörer unter uns weilen ...“

Charles Fox, der schließlich als Außenminister den Frieden mit Amerika schloß, hatte neben der Politik eine große Leidenschaft: das Spiel. „Was ist das größte Vergnügen?“ fragte ihn eines Tages *Georg III.* Ohne zu zögern, antwortete Fox: „Im Spiel gewinnen.“ „Und das zweitgrößte?“ fragte der Monarch weiter. „Im Spiel verlieren“, sagte Fox.

Auch einem guten Trunk war Charles Fox nicht abgeneigt. Als er eines Tages an der Seite seines großen Gegners *William Pitt* leicht angeheitert das Unterhaus betrat, sagte er: „Um Himmels willen, ich sehe den Speaker nicht.“ „Das macht nichts“, beruhigte ihn Pitt, der gleichfalls von einem fröhlichen Mahle kam, „ich sehe ihn doppelt!“

William Pitt war siebzehn Jahre lang, von 1784 bis 1801, Premierminister. Während der Napoleonischen Kriege erhielt er eines Tages die Denkschrift eines Londoner freiwilligen Bürgerregimentes. Die Regimentsangehörigen erboten sich darin, das britische Mutterland zu schützen, stellten aber eine Reihe von Klauseln auf, unter denen sich die Forderung befand, niemals die Insel verlassen zu müssen. Amüsiert schrieb Pitt an den Rand der Eingabe: „Außer im Falle einer feindlichen Invasion natürlich ..."

Im Gegensatz zu Fox und Pitt zog Edmund Burke nie ins Kabinett ein. Um so größer war das Ansehen, das er sich mit seinen Schriften über die Französische Revolution und als Wortführer konservativer Geisteshaltung erwarb. Aber auch in seinen Reden im Unterhaus fand er immer wieder Formulierungen von zeitloser Gültigkeit. So sagte er in der Debatte vom 22. März 1775, in der er zur Versöhnung mit den aufständischen Kolonien in Amerika aufrief: „Die Konzessionen der Schwachen sind die Konzessionen der Furcht." Dagegen: „In der Politik ist äußerste Großmut oft die höchste Weisheit; ein großes Reich und kleine Geister passen schlecht zusammen."

Auch in der Debatte über den von ihm eingebrachten Tadelsantrag gegen *Warren Hastings*, den Generalgouverneur von Indien, den er der ungerechten Behandlung der Eingeborenen bezichtigte, fand Burke Worte, die weit über den Tag hinaus als politische Maxime Beachtung verdienen. Er sagte: „Es ist oft so, daß eine Sache in der Theorie großartig aussieht und in der Praxis ruinös ist; umgekehrt gibt es Dinge, die in der Theorie verdammenswert erscheinen und sich in der Praxis als sehr segensreich erweisen."

George Canning, der zweimal Außenminister war, ehe er 1827 Premierminister wurde, war ein Meister des understatements. Als man ihn eines Tages zu seinen glänzenden Reden und seinen ebenso glänzenden Schriften beglückwünschte, meinte er: „Das ist doch nichts. Die ganze Kunst des Redens und Schreibens besteht darin, zu wissen, was man nicht sagen und was man nicht schreiben darf."

Als ein Redner im Unterhaus den Premierminister dadurch aus der Fassung zu bringen suchte, daß er erklärte, er bringe lediglich Tatsachen vor, erwiderte Canning ungerührt: „Nichts ist so trügerisch wie Tatsachen – mit Ausnahme von Zahlen natürlich . . ."

Ähnlich ungerührt verhielt sich der *Earl of Derby*, als man ihm im Unterhaus vorwarf, negative Opposition zu betreiben, nie einen konstruktiven Vorschlag zu machen und sich auf Kritik und Ablehnung zu beschränken. „Ich bin der Ansicht", erwiderte er, „daß sich die Aufgabe der Opposition in vier Worten zusammenfassen läßt: Alles opponieren, nichts proponieren!"

Understatement kann nicht nur in Worten, sondern auch in Taten zum Ausdruck kommen; ja es kann sogar eine Lebensart schlechthin sein. So war *Lord Londonderry*, eines der angesehensten und wohlhabendsten Mitglieder des Oberhauses, für seine nachlässige Kleidung bekannt. Als ihn eines Tages ein Freund daraufhin ansprach, meinte der Lord: „Warum soll ich mich gut anziehen? Hier in London weiß ohnehin jeder, wer ich bin." Bald darauf traf derselbe Freund in Paris den wie üblich recht schlecht gekleideten Lord Londonderry und rügte prompt wieder dessen Aussehen. „Warum soll ich mich gut anziehen?" erhielt er zur Antwort. „Hier in Paris weiß ohnehin niemand, wer ich bin."

Richard Sheridan, der Autor des Lustspieles „The school for scandal“, war ein begabter Komödienschreiber, ein erfolgreicher Politiker und eines der witzigsten Mitglieder des Unterhauses. Nachdem der Abgeordnete Dundas einmal eine lange Rede gehalten hatte, in deren Verlauf er viele alte Witze erzählt und viele fragwürdige Behauptungen aufgestellt hatte, erhob sich Sheridan und sagte: „Der ehrenwerte Abgeordnete verdient zweifach Bewunderung. Was die von ihm erzählten Witze betrifft, bewundere ich sein Gedächtnis, und was die von ihm vorgebrachten Tatsachen angeht, bewundere ich seine Phantasie.“

Auch Sheridans Sohn Tom ging in die Politik, wollte sich aber keiner der bestehenden Parteien anschließen. Er sagte seinem Vater: „Ich werde vor die Wähler mit einem Schild auf der Stirn treten, auf dem geschrieben steht: ‚Dieses Hirn ist zu vermieten!‘ “ „Ausgezeichnet“, sagte Sheridan. „Darunter mußt du aber schreiben: ‚Vollkommen unmöbliert.‘ “

In Frankreich hatte der Dritte Stand zunächst geglaubt, seine Forderungen auf friedlichem Wege durchsetzen zu können. Nachdem die Nationalversammlung bald nach ihrer Konstituierung im Sommer des Jahres 1789 eine Ergebenheitsadresse an König Ludwig XVI. beschlossen hatte, besprach ihr erster Präsident, *Jean Bailly,* mit dem Königlichen Siegelbewahrer, *Barentin,* die Einzelheiten der Überreichung. „Sie knien vor Seiner Majestät nieder“, erläuterte Barentin, „und wenn der König will . . .“ Brüsk unterbrach ihn Bailly: „Und wenn 25 Millionen Franzosen nicht wollen . . .?“

Das Vorbild der amerikanischen Revolution hatte die französischen Bürger beflügelt. In Paris kursierten die Worte *Thomas Jeffersons,* des Verfassers der amerikanischen Unabhängigkeitserklärung, der am 30. Januar 1787 an James Madison geschrieben hatte: „Hin und wieder eine kleine Revolution ist eine gute Sache.“ In einem Brief an E. S. Smith am 13. November des gleichen Jahres war Jefferson noch deutlicher geworden: „Der Baum der Freiheit muß von Zeit zu Zeit mit dem Blut von Patrioten und Tyrannen getränkt werden. Das ist sein natürlicher Dünger!“

Der *Marquis de Lafayette* war 1776 nach Amerika gezogen und hatte an der Seite George Washingtons gekämpft. Nach Paris zurückgekehrt, zeigte ihm Marie Antoinette ein Präsent, das der König dem neugewählten Präsidenten von Amerika übersenden wollte. Als Lafayette bemängelte, daß ihm das Geschenk nicht bedeutend genug sei, wies ihn die Königin zurecht: „Der König von Schweden hat das gleiche bekommen!“ – „George Washington ist mehr als ein König“, erwiderte Lafayette. „Er ist der Führer eines freien Volkes.“

Auch *Taddeus Kosciuszko*, der polnische Freiheitsheld, hatte im amerikanischen Unabhängigkeitskrieg als Adjudant George Washingtons gekämpft. Bei einem Besuch in Paris bedrängte ihn Madame de Stael: „Erzählen Sie uns doch von der amerikanischen Revolution!“ „Madame“, entgegnete Kosciuszko, „Revolutionen erzählt man nicht. Revolutionen macht man!“

Die Pariser machten sie. Am 14. Juli 1789 stürmten sie die Bastille, ermordeten den Gouverneur und knüpften zwei Gefangene an eine Laterne. In gestrecktem Galopp jagte der *Herzog von Liancourt* nach Versailles, um dem König die Nachricht von den schrecklichen Ereignissen zu bringen. „Aber das ist ja eine Revolte", stammelte Ludwig XVI., nachdem der Herzog geendet hatte. „Nein, Majestät", erwiderte Liancourt, „das ist eine Revolution!"

„Die Aristokraten an die Laterne!" Das war der Ruf, der nun immer öfter in den Straßen von Paris erscholl. Die *Herzogin von Biron* freilich wurde bei einer Ausfahrt nicht aufgeknüpft, sondern nur mit faulem Obst beworfen. Empört ließ sie die Wurfgeschosse durch ihre Bedienten einsammeln und schickte sie an den *Marquis de Lafayette* mit den Worten: „Hier sind die ersten Früchte der Revolution!"

Noch nahm man den Unmut des Volkes nicht ernst. Als *Madame de Simiane* nach abendlichem Theaterbesuch nach ihren Bedienten rief, belehrte man sie: „Bürgerin, es gibt keine Bedienten mehr, es gibt nur mehr Brüder." „Nun gut", sagte Madame de Simiane, „man rufe meine Brüder Bedienten."

Am 4. August 1789 verzichtete der Adel auf seine Vorrechte, und am 20. August beschloß die Nationalversammlung die von Lafayette entworfene und von *Thomas Jefferson,* der inzwischen amerikanischer Gesandter in Paris geworden war, redigierte Erklärung der Menschen- und Bürgerrechte: „Frei und gleich werden die Menschen geboren ... Jegliche Souveränität liegt im Prinzip und ihrem Wesen nach in der Nation ..." Skeptisch meinte dazu Antoine de Rivarol: „Es gibt zwei Wahrheiten, die man nicht voneinander trennen kann: 1. Die Souveränität liegt beim Volk. 2. Das Volk soll die Souveränität niemals ausüben."

Honoré Mirabeau war der führende Kopf der Nationalversammlung. Er stammte aus adeliger Familie, hatte ein unstetes Leben hinter sich, und sein durch Ausschweifungen aller Art verwüstetes Gesicht war mit Pockennarben übersät. Aber er war ein glänzender Pamphletist, ein mitreißender Redner und von brennendem Ehrgeiz beseelt. Nachdem Mirabeau einmal in einem Salon die notwendigen Eigenschaften eines Minister der Revolution geschildert und dabei bewußt oder unbewußt ein Porträt seines eigenen Charakters gegeben hatte, bemerkte Talleyrand spöttisch: „Sie haben eine Eigenschaft vergessen. Ein guter Minister muß selbstverständlich pockennarbig sein!"

Eines der ersten Opfer des „Terrors", den der Wohlfahrtsausschuß im September 1793 verkündet hatte, wurde *David Lasource,* einer der gemäßigten Girondisten, die im Konvent den radikalen Montagnards gegenüberstanden. Nach der Verkündigung des Todesurteils rief er seinen Richtern zu: „Ich sterbe, weil das Volk den Verstand verloren hat. Ihr werdet sterben, sobald es ihn wiedergewonnen hat!"

Vergeblich trat *Georges Danton* für eine Politik der Milde ein. Als man ihn warnte, daß er sich damit gegen Robespierre stelle, der ihn verfolgen werde, antwortete er: „Es ist besser, guillotiniert zu werden, als zu guillotinieren."

Der erbarmungsloseste Repräsentant des Terrors war *Antoine Fouquier-Tinville,* der öffentliche Ankläger. Als der Deputierte *Mouchy* wegen Konspiration angeklagt wurde, erwiderte man, das sei wohl schwer möglich, da der Beschuldigte vollkommen taub sei. Ungerührt erwiderte Fouquier-Tinville: „Dann schreiben wir eben in die Anklageschrift, daß er unerhörte Verbrechen begangen hat."

Danton kam schließlich, wie zu erwarten war, vor das Tribunal, das ihn zum Tode verurteilte. Eine der vielen Beschuldigungen, die der öffentliche Ankläger gegen ihn vorbrachte, lautete: „Sie haben Gelder von allen Parteien genommen.“ Lächelnd erwiderte Danton: „Ein Mensch wie ich ist unbezahlbar.“

Die Schreckensherrschaft brach am 27. Juli 1794, dem 9. Thermidor nach revolutionärer Zeitrechnung, in sich zusammen. Robespierre wurde verhaftet und hingerichtet. Großen Anteil an seinem Sturz hatten *Jean Tallien* und dessen Frau, die man die „Madonna des Thermidor“ nannte. Madame Tallien war sehr schön, äußerst leichtlebig und hatte zahlreiche Liebhaber. Eines Tages erschien ein Flugblatt, das sie in einem freizügigen römischen Gewande zeigte. Die Zeichnung trug die kaum mehr zweideutig zu nennende Unterschrift: „Bürger! Respektiert das öffentliche Eigentum!“

Jean Tallien war ein Intrigant, was dazu beigetragen haben mag, daß er in das fünfköpfige Direktorium, das nach dem Sturze Robespierres die Herrschaft ausübte, nicht aufgenommen wurde. *Paul Barras,* eines der Mitglieder des Direktoriums, sagte über ihn: „Wenn es in Paris fünfzig Verschwörungen gibt, dann wird Tallien in jede einzelne von ihnen verwickelt sein. Er ist der einzige Mensch, den ich kenne, der jederzeit bedenkenlos gegen sich selbst konspirieren würde.“

Im Direktorium herrschte ein permanenter Gegensatz zwischen dem Triumvirat Barras, Rewbell und Larevellière einerseits und Carnot und Barthelemy andererseits. *Larevellière* haßte zwei Dinge unerbittlich: seinen Amtsgenossen Sidi Carnot und die christliche Religion. In Fortentwicklung des Kultes vom höchsten Wesen propagierte er eine „Theophilanthropie", über die er lange Vorlesungen hielt, mit denen er sich zum Gespött von ganz Paris machte. „Jesus Christus", sagte eines Tages *Talleyrand*, „ist für seine Religion gestorben. Ich finde, Larevellière sollte für seine Idee mindestens das gleiche Opfer bringen."

Die Herrschaft des Direktoriums dauerte nur vier Jahre. Am 9. November 1799, dem 18. Brumaire, wurde es gestürzt, und *Napoleon Bonaparte* ernannte sich zum Ersten Konsul. Sein Außenminister wurde Talleyrand, der unter den Bourbonen Bischof gewesen war, der dann den Eid auf die neue Verfassung geschworen hatte, darauf den Terror im Exil überlebt hatte und der, nach dem Sturze Napoleons, unbekümmert neuerlich unter den Bourbonen dienen sollte. Die Philosophie seines politischen Überlebens hat Talleyrand auf die einfache Formel gebracht: „Die Welt besteht aus jenen, die scheren, und jenen, die geschoren werden. Man soll stets trachten, zu jenen zu gehören, die scheren . . ."

Talleyrand praktizierte seine Philosophie des politischen Überlebens bis zur Selbstentäußerung. Als Napoleon bereits Kaiser war, beschimpfte er seinen Außenminister eines Tages als Dieb, Feigling und Verräter, verhöhnte ihn wegen seiner Lahmheit und nannte ihn schließlich „ein Stück Mist in Seidenstrümpfen". Als Talleyrand von diesem Wutausbruch erzählte, fragte ihn *Madame von Laval:* „Warum haben Sie nicht einen Stuhl oder eine Feuerzange gepackt, um den Kaiser niederzuschlagen und Ihre Ehre zu verteidigen?" „Ich habe daran gedacht", antwortete Talleyrand, „aber ich war zu faul dazu."

Nicht jeder war so unterwürfig wie Talleyrand. *Audouin Saverio,* Gemeinderat von Paris, lehnte es ab, Senator im Kaiserreich zu werden. Anerkennend sagte ihm Napoleon: „Wenn ich fünf Republikanern wie Ihnen begegnet wäre, hätte ich mich nie zum Kaiser gekrönt."

Die vielen Schmeichler, die ihn umgaben, machten Napoleon zum Menschenverächter. „Marat", sagte er einmal spöttisch, „wäre begeisterter Royalist geworden, wenn ihn Marie Antoinette rechtzeitig an ihre Tafel gebeten hätte."

Als Napoleon noch Konsul war, wollte ihm der Staatsrat *Molé* schmeicheln, indem er sagte: „In Ihnen lebt der revolutionäre Geist." „Das stimmt nicht", erwiderte Napoleon. „Ich bin im Buch der Geschichte nur das Lesezeichen, das die Seite anzeigt, auf der die Revolution endet. Nach meinem Tode wird sie wieder beginnen."

Napoleons erste Regierungsjahre waren durch bedeutende Reformen gekennzeichnet. Er führte die Aussöhnung mit der Kirche herbei, stärkte die Zentralgewalt durch die Einsetzung von Präfekten in den Provinzen, gründete die Bank von Frankreich und gab den Errungenschaften der Revolution in seinem „Code Civil" dauerhafte Gestalt. Sein Glaube an die Allmacht des Staates war unbegrenzt. Als man eines Tages über Fragen der Kunst diskutierte, meinte der Kaiser: „Wir haben keine Literatur? Das ist die Schuld des Innenministers!"

Im Ungestüm seines Tatendranges kannte Napoleon keine Rücksichten. Als man ihn eines Tages im vertrauten Kreis ermahnte, doch auch das Herz sprechen zu lassen, erwiderte er: „Ein Staatsmann muß sein Herz im Kopfe tragen."

Napoleon setzte die Früchte seiner Politik dadurch aufs Spiel, daß er immer wieder „seiner Lieblingsbeschäftigung, dem Krieg", wie es sein Großstallmeister Caulaincourt einmal formulierte, nachging. Fürst *Karl Schwarzenberg*, der große Gegenspieler Napoleons, brachte Glanz und Elend des französischen Kaiserreiches auf eine einfache Formel, als er sagte: „Man kann mit Bajonetten fast alles machen. Nur darauf sitzen kann man nicht!"

Nach der endgültigen Niederlage Napoleons bei Waterloo zogen die siegreichen Alliierten im Sommer 1815 zum zweiten Male in Paris ein. *Alexander I.*, der Zar von Rußland, wollte während seines Aufenthaltes in der französischen Hauptstadt den Herzog von Rovigo kennenlernen. „Das geht nicht", erklärte man ihm, „denn das wäre ein Affront gegenüber den Bourbonen. Immerhin war der Herzog der Vorsitzende des Gerichtes, das den Herzog von Enghien zum Tode verurteilt hat." „Na und?" meinte der Zar. „Ich speise täglich mit Bennigsen und Uwarow, die meinen Vater umgebracht haben."

Der „beschränkte Untertanenverstand" und „die Ruhe, die erste Bürgerpflicht ist" – diese beiden bekannten Redensarten verdanken ihre Entstehung der napoleonischen Zeit und ihren Nachwirkungen. Als Preußen im Jahre 1806 durch die Niederlage von Jena erschüttert wurde, ließ der preußische Innenminister folgendes Plakat affichieren: „Der König hat eine Bataille verloren. Jetzt ist Ruhe die erste Bürgerpflicht. Ich fordere die Einwohner Berlins dazu auf. Der König und seine Brüder leben! Berlin, den 17. Oktober 1806. Graf v. d. Schulenburg."

31 Jahre danach, im Herbst 1837, hob der König von Hannover die Verfassung seines Landes auf. Sieben Göttinger Professoren protestierten dagegen, und dieser Protest, der in ganz Deutschland zirkulierte, wurde auch dem preußischen Innenminister zugesandt. Der Minister antwortete in einem Schreiben, das mit den Worten schloß: „Es ziemt dem Untertanen, seinem Könige und Landesherrn schuldigen Gehorsam zu leisten und sich bei Befolgung der an ihn ergehenden Befehle mit der Verantwortlichkeit zu beruhigen, welche die von Gott eingesetzte Obrigkeit dafür übernimmt; aber es ziemt ihm nicht, die Handlungen des Staatsoberhauptes an den Maßstab seiner beschränkten Einsicht anzulegen und sich in dünkelhaftem Übermute ein öffentliches Urteil über die Rechtmäßigkeit derselben anzumaßen. Berlin, den 15. Januar 1838. Der Minister des Inneren und der Polizei: von Rochow."

Auch in Frankreich erwartete man schuldigen Gehorsam der beschränkten Untertanen. Bald nachdem Ludwig XVIII. den Thron bestiegen hatte, ging in Paris ein böses Wort um. „Die Bourbonen", so sagte man, „haben nichts vergessen und nichts dazugelernt."

Talleyrand, der Virtuose des politischen Überlebens, war auch unter der neuen Herrschaft wieder zur Stelle. Als ihm der König verkündete, die Abgeordneten der neuerrichteten Deputiertenkammer würden ihre Funktionen unentgeltlich ausüben, meinte der alte Zyniker: „Unentgeltlich? Majestät, das kommt viel zu teuer!"

Ein andermal sagte man Talleyrand, daß die zweite Kammer, das Haus der Pairs, das Gewissen Frankreichs sei. „Das stimmt", sagte Talleyrand. „Man findet dort sehr viel Gewissen. Sémonville zum Beispiel hat allein zwei Gewissen ..."

Weder Ludwig XVIII. noch Karl X., sein Bruder und Nachfolger, vermochte die Zeichen der Zeit zu erkennen. Ahnungsvoll sagte *Graf von Salvandy* am Beginn des Jahres 1830: „Wir alle tanzen auf einem Vulkan."

Im Sommer 1830 wurde Karl X. gestürzt, und *Louis Philippe,* der Herzog von Orleans, trat die Herrschaft an. Wegen seines zivilen Gehabens wurde er der „Bürgerkönig", aber auch der „König mit dem Regenschirm" genannt. Den Grundton seiner Herrschaft gab sein Finanzminister *Joseph Louis* an, der seinen Ministerkollegen im Kabinett gemütlich erklärte: „Macht eine gute Politik, dann mache ich euch gute Finanzen!"

Louis Philippe unterhielt sich eines Tages über eine Regierungsangelegenheit mit dem Minister *Dupin,* der dem König schließlich sagte: „Majestät, in dieser Frage sind wir verschiedener Meinung." „Das habe ich auch gemerkt", erwiderte der König. „Ich habe mich aber nicht getraut, es zu sagen."

Seine Gemütlichkeit schützte den König nicht vor dem Unmut des Volkes. Im Jahre 1836 wurde auf Louis Philippe ein Mordanschlag verübt. Vor Gericht gab der Attentäter *Alibaud* eine Erklärung ab, die in ähnlicher Form noch viele Königsmörder verkünden sollten. „Meine Kugel", sagte er, „war nicht gegen eine Person, sondern gegen ein System gerichtet!"

Überall in Europa versuchte sich die Obrigkeit vor den revolutionären Neuerungen, die aus Frankreich kamen, zu schützen. In einem der zahlreichen deutschen Kleinstaaten wurde das Politisieren in den Wirtshäusern kurzerhand verboten. „Was sollen wir denn tun in der Schenke?“ fragten die aufgebrachten Bürger den Polizeipräfekten. „Essen und trinken“, antwortete der Präfekt. „Und wodurch unterscheiden wir uns dann noch vom Vieh?“ fragten sie weiter. Die Antwort lautete: „Durchs Bezahlen.“

Verbote nützten wenig. Im Mai 1832 veranstalteten der Redakteur Dr. Johann Georg August Wirth und der Zuchthausverwalter Dr. Philipp Jakob Siebenpfeiffer auf der Burgruine von Hambach in der Pfalz ein Volksfest, das sich zu einer mächtigen politischen Kundgebung gestaltete. Dreißigtausend Menschen strömten zusammen. Höhepunkt des Hambacher Festes war die Rede *Ludwig Börnes,* der tosenden Beifall erhielt, als er den Massen zurief: „Bald wird ein Dutzend Eier teurer sein als ein Dutzend Fürsten . . .!“

Dem revolutionären Geist der Hambacher Kundgebung lagen wirtschaftliche und soziale Forderungen zugrunde. Die Pfälzer Winzer, die über schlechten Absatz klagten und in Scharen auf die Burgruine gekommen waren, sangen während des Festes:

„Ja wüßten wir, wer Schuld am Zoll nur wäre
Am Zoll auf unsern Wein
Und wär er auch ein Preuß, bei unsrer Ehre
Er müßte in den Rhein.“

Gesungen wurde damals viel. In ganz Deutschland zirkulierte das „Hecker-Lied“, so genannt nach dem Mannheimer Rechtsanwalt *Friedrich Hecker,* der aus Deutschland eine Republik machen wollte, aber mit seinen Getreuen geschlagen wurde und ins Exil ging. Ob das Lied völlig ernst gemeint oder eine teils freiwillige, teils unfreiwillige Parodie war, ist bis heute nicht geklärt. Es war jedenfalls ein mitreißender Gesang, dessen bekannteste Strophe lautete:

„Schmiert die Guillotine mit Tyrannenfett,
Reißt die Konkubine aus dem Fürstenbett.
An den Darm des Pfaffen
Hängt den Edelmann,
Laßt ihn d'ran erschlaffen,
Bis er nimmer kann!"

Auch die schlesischen Weber, die sich im Jahre 1844 aufständisch erhoben, brachten ihren Unmut im Lied zum Ausdruck. Sie sangen:

„Ihr Schurken all, ihr Satansbrut,
Ihr höllischen Kujone,
Ihr freßt der Armen Hab und Gut,
Und Fluch wird euch zum Lohne!"

Inspiriert durch diesen Gesang widmete *Heinrich Heine* den Webern ein Gedicht, in dem es hieß:

„Ein Fluch dem König, dem König der Reichen,
Den unser Elend nicht konnte erweichen,
Der den letzten Groschen von uns erpreßt
Und uns wie Hunde erschießen läßt . . ."

Der allgemeine Haß richtete sich gegen Metternich, den „Fürsten Mitternacht", der als die Verkörperung des Systems galt, das alles erhalten und nichts erneuern wollte. *Franz Grillparzer*, als kaiserlicher Bibliothekar ein treuer Diener seines Herrn, als Schriftsteller aber ein ebenso kritischer wie liberaler Kommentator des Geschehens, geißelte den Staatskanzler in einem seiner bissigen Verslein:

„Das schlimmste bleibt ein Weibermann
Sie herrschen bei Amt und Staate
Im Herzen ihm so lang er kann
Und kann er nicht: im Rate."

1848 war es soweit. An allen Ecken und Enden Europas brach die Revolution aus. In Paris kämpfte auch der russische Anarchist *Michael Bakunin* mit. Seinen Beitrag schilderte *Caussidière,* der Kommandant der Barrikaden, mit den Worten: „Am ersten Tag war er unbezahlbar. Am zweiten Tag hätte er bereits füsiliert gehört."

Im Wien hatte am 10. März 1848 der Staatsrat *Jarcke* den Staatskanzler *Metternich* vergeblich gemahnt und gewarnt: „Wer in solchen Zeiten keine Reformen haben will, der muß die Revolution haben wollen."

Metternich wollte die Reform nicht, und so bekam er die Revolution. Einer der ersten Beschlüsse des neuen Reichstages war auf Antrag des jungen Abgeordneten Hans Kudlich die Befreiung der Bauern. Als sich die versammelten Parlamentarier weigerten, im Wortlaut des Gesetzes dem Kaiser das Prädikat „von Gottes Gnaden" zuzubilligen, sagte der *Fürst Windischgrätz* in Vorwegnahme kommender Ereignisse: „Wenn sie von Gottes Gnaden nicht hören wollen, dann werden sie von Kanonen Gnaden hören müssen."

Auch in Berlin wurden zur Niederschlagung der Revolution Truppen unter dem Befehl des späteren Generalfeldmarschalls *Wrangel* eingesetzt. Die Aufrührer hatten angedroht, sie würden seine Frau gefangennehmen und notfalls aufhängen, falls man ihre Forderungen mit Waffengewalt unterdrücke. Als Papa Wrangel schließlich ziemlich unangefochten an der Spitze seiner Truppen durch das Brandenburger Tor in Berlin einzog, wandte er sich zu seinem Adjutanten um und fragte ihn gemütlich: „Ob se ihr nu wohl hängen . . .?"

In Italien war die Revolution von 1848 zugleich eine nationale Erhebung gegen die Österreicher. In Rom zog die Menge vor die kaiserliche Botschaft im Palazzo Venezia, riß den großen Doppeladler über dem Eingang herab und ließ ihn durch einen Esel zur Piazza del Popolo schleifen, wo das Wappen unter allgemeinem Jubel verbrannt wurde. Als man in der Begeisterung auch noch den Esel in die Flammen werfen wollte, warf sich sein Besitzer mit dem Schrei dazwischen: „Der Esel ist Italiener!“

Der verhaßte „Fürst Mitternacht“ war nach Ausbruch der Revolution nach England geflohen. Dort erklärte er, nicht mehr der Staatskanzler Metternich, sondern nur noch der „Professor Metternich“ zu sein. Tatsächlich begann der Fürst in zahlreichen Briefen sowie in seinen „Gedanken und Maximen“ die neue Zeit aus der Sicht der alten Ordnung zu kommentieren. „In einer großen gesellschaftlichen Krise“, meinte er skeptisch, „kann das Volk nicht zugleich Patient und Arzt sein.“ Und ein andermal faßte Metternich seine Auffassungen von Regieren und Regiertwerden in einem Satz zusammen, der in Sprache und Inhalt gleichermaßen aus einer vergangenen Zeit und einer versunkenen Welt kam. „Ich war immer“, sagte er, „fürs Anhören in den unteren Regionen und fürs Beschließen in den oberen Regionen . . .“

Offensichtlich hatte Metternich nicht zur Kenntnis genommen, was der schwäbische Dichter *Ludwig Uhland* im Jahre 1848 prophezeit hatte: „Es wird in Hinkunft kein Haupt über Deutschland leuchten, das nicht mit einem vollen Tropfen demokratischen Öls gesalbt ist . . .“

KAPITEL II

Und ich bin das Volk

oder

KAISER, KÖNIGE UND KABINETTE
1848—1878

Nächstes Jahr bin ich König von Italien oder Herr Savoia.

Viktor Emanuel II, 1858

Cavour, der Einiger Italiens, Bismarck, der Schöpfer des Zweiten Reiches, Disraeli, Gladstone und Palmerston, die Herren des britischen Empires – das waren die überragenden politischen Gestalten um die Mitte des 19. Jahrhunderts. Die Ära der absoluten Monarchie war vorüber; die Kaiser und Könige mußten sehen, wie sie mit ihren Premierministern zurecht kamen; die Zeit der Kabinettspolitik hatte begonnen. Als *William Gladstone* einmal mit einer Gesetzesvorlage bei seiner Monarchin erschien, erklärte Viktoria: „Ich unterschreibe nicht! Ich bin die Königin!“ „Und ich bin das Volk!“ erwiderte Gladstone. „Unterschreiben Sie!“

Ähnlich unbeugsam und selbstbewußt war *Camillo Cavour*. Während einer Krise empfahl ihm einer seiner Minister, den Ausnahmezustand zu verhängen. „Unsinn!“ antwortete Cavour. „Im Ausnahmezustand kann jeder Esel regieren!“

Noch war es freilich nicht soweit, noch lag vor Cavour die Aufgabe der Einigung Italiens, deren Schwierigkeit der Dichter *Ugo Foscolo* in die Worte gekleidet hatte: „Hundert Lykurge, zehntausend Timoleons, hunderttausend Washingtons und eine Million spartanische Ritter vermöchten die Italiener nicht zu einem einzigen Volk zu verschmelzen.“

Metternich, Cavours großer Zeitgenosse, war ähnlicher Meinung, als er apodiktisch erklärte: „Italien ist ein geographischer Begriff.“

Das Geschick Camillo Cavours und die Kühnheit *Giuseppe Garibaldis* machten aus dem geographischen Begriff einen Staat. Als der Präsident von Uruguay eines Tages Garibaldi fragte, wie es ihm gelungen sei, mit seinem kleinen Freiwilligenkorps seine großen Erfolge gegen die Österreicher zu erzielen, erhielt er zur Antwort: „Ein freier Mann ist eben mehr wert als zehn Sklaven."

Giuseppe Verdi war lange Zeit das lebende Symbol des italienischen Strebens nach Freiheit und Unabhängigkeit gewesen. Der Chor der Gefangenen aus seiner Oper „Nabucco" war die inoffizielle Hymne des noch nicht existenten Staates, und den Namen Verdi lasen die Italiener so: Viktor Emanuel Re D' Italia. In ganz Italien erzählte man sich, ein österreichischer General sei zu Verdi gekommen, und habe ihn gebeten, einen Marsch für seine Truppen zu komponieren. „Das geht leider nicht", soll der Komponist geantwortet haben. „Ich schreibe derzeit nur Abgangsarien."

So wie die Einigung Italiens kam auch der Zusammenschluß Deutschlands im Kampf gegen die Habsburger zustande: Die Niederlage Österreichs bei Königgrätz im Jahre 1866 beendete den Deutschen Bund und machte den Weg zum Aufstieg Preußens frei. In Wien machte man für diese Niederlage mit Recht neben dem militärischen Geschick Moltkes das politische Genie *Bismarcks* verantwortlich. Dementsprechend war man am Hofe Franz Josephs I. auf den preußischen Ministerpräsidenten schlecht zu sprechen. Fürst von Bülow erzählt in seinen Erinnerungen, auf der Ischler Herbstjagd des Jahres 1866 hätten einige Höflinge erzählt: „Bismarck betrinkt sich täglich mit Schnaps." Worauf Kaiser Franz Joseph einsilbig erwiderte: „Ich wollte, meine Minister tränken mehr."

Eine der unmittelbaren Folgen des Jahres 1866 war der „Ausgleich", die Anerkennung Ungarns als eigenständiges Staatswesen innerhalb der Habsburgermonarchie. Als die ungarische Delegation unter Führung des späteren Ministerpräsidenten *Franz Deak* in Wien erschien, empfing sie Franz Joseph mit den Worten: „Was wünschen Sie, meine Herren?" Ehrerbietig, aber bestimmt antwortete Deak: „Nicht mehr als vor Königgrätz, Majestät!"

Wie Camillo Cavour war auch *Otto von Bismarck* Diplomat gewesen, ehe er die Regierungsgeschäfte übernahm. Im Zuge seiner juristischen Ausbildung hatte er als junger Auskultator beim Berliner Stadtgericht gedient. Als sich dort einmal ein Deliquent bei der Protokollaufnahme ungehörig benahm, wies ihn Bismarck zurecht: „Herr, menagieren Sie sich, oder ich werfe Sie hinaus!" Bismarcks Vorgesetzter, ein Stadtgerichtsrat, der im gleichen Raume saß, wies daraufhin seinen jungen Mitarbeiter zurecht: „Herr Auskultator, merken Sie sich, das Hinauswerfen ist meine Sache!" Als der Delinquent bald darauf neuerlich ausfällig wurde, sagte Bismarck: „Herr, ich ermahne Sie nochmals: menagieren Sie sich, oder ich lasse Sie durch den Herrn Stadtgerichtsrat hinauswerfen."

Als Jurist, Beamter und Diplomat kannte Bismarck die Stärken und Schwächen der staatlichen Verwaltung gründlich. „Die Bürokratie", schrieb er im Jahre 1850 an einen Freund, „ist krebsfräßig an Haupt und Gliedern, nur ihr Magen ist gesund, und die Gesetzesexkremente, die sie von sich gibt, sind der natürlichste Dreck von der Welt ..."

Wie soviele Staatsmänner war Bismarck im Verlaufe seines politischen Werdeganges ein Menschenkenner und Menschenverächter geworden. Er hatte unter Wilhelm I., Friedrich III. und Wilhelm II. gedient und faßte seine Erfahrungen im Umgang mit Monarchen in die Worte zusammen: „Ich habe drei Kaiser in ihrer Nacktheit gesehen, und der Anblick war nicht erfreulich."

Bismarcks besondere Abneigung galt dem katholischen Politiker *Windthorst*, von dem er zu sagen pflegte: „Meine Frau habe ich für die Liebe und Windthorst für den Haß."

Nach Königgrätz drängte die Umgebung des Königs auf Fortsetzung des Krieges. Alle wollten nach Wien marschieren, nur Bismarck mahnte zu einem Frieden der Mäßigung und der Vernunft. Als er sich schließlich gegen den Widerstand des gesamten Hofes durchgesetzt hatte, seufzte er: „Mit den Feinden wird man fertig, aber die Freunde!"

Der Aufstieg Preußens zur Großmacht erforderte eine starke Armee, und die starke Armee kostete viel Geld. Doch bei den Wehrvorlagen im Parlament wurde endlos um jeden Pfennig gefeilscht. „Es ist immer das gleiche", sagte Bismarck zu Moltke. „Man läßt sich gern schützen, aber man zahlt nicht gerne."

In seinen Reden, Schriften und Büchern fand Bismarck immer wieder Formulierungen von aphoristischer Prägnanz. Sein Urteil über politische Zusagen: „Wenn man sagt, daß man einer Sache grundsätzlich zustimmt, so bedeutet es, daß man nicht die geringste Absicht hat, sie in der Praxis durchzuführen." Über politische Popularität: „Die Popularität einer Sache macht mich viel eher zweifelhaft und nötigt mich, mein Gewissen noch einmal zu fragen: Ist sie auch wirklich vernünftig?" Und über politische Prinzipien: „An Grundsätzen hält man nur fest, solange sie nicht auf die Probe gestellt werden; geschieht das, so wirft man sie weg wie der Bauer die Pantoffeln und läuft, wie einem die Beine von der Natur gewachsen sind."

Der unbestrittene Meister des politischen Bonmots war *Benjamin Disraeli.* Dieser Sproß einer spanisch-jüdischen Familie, die im 18. Jahrhundert über Venedig nach England gekommen war, machte eine bemerkenswerte und bewundernswerte Karriere. Er war Romancier, Dandy und Salonlöwe, Erneuerer der Konservativen Partei, Schöpfer der Bewegung „Junges England" und Unterhausmitglied, mehrmaliges Regierungsmitglied und schließlich Premierminister, ehe er als Lord Beaconsfield ins Oberhaus einzog. Disraelis Biographie ist eine einzige Bestätigung seines Wortes: „Das Leben ist zu kurz, um klein zu sein."

Disraeli hatte im Jahre 1837 das erstemal für das Unterhaus kandidiert; knapp nachdem er eine um fünfzehn Jahre ältere, reiche Witwe geheiratet hatte. In einer seiner ersten Wahlversammlungen rief ihm ein Gegner zu: „Ihre Frau hat Sie aus der Gosse aufgelesen!" „Mein lieber Freund", antwortete Disraeli gelassen, „wenn Sie in der Gosse lägen, niemand würde daran denken, Sie aufzulesen!"

In einer anderen Wahlversammlung bekam Disraeli von einem Zwischenrufer zu hören: „Lieber wähle ich den leibhaftigen Teufel als Sie!" Disraelis Antwort: „Für den Fall, daß Ihr Freund nicht kandidiert – darf ich wenigstens dann mit Ihrer Stimme rechnen?"

Disraeli gab nicht nur offen zu, daß er seine Frau wegen ihres Geldes geheiratet habe, sondern machte sich im Freundeskreis auch über sie lustig. „Sie ist eine bezaubernde Person", pflegte er zu sagen, „doch weiß sie zum Beispiel nie, wer in der Geschichte zuerst kommt: die Griechen oder die Römer."

Der große Gegenspieler Disraelis war der liberale Premierminister William Gladstone. Die beiden konnten einander nicht ausstehen. „Was ist der Unterschied zwischen einem Unfall und einem Unglück?" war eine beliebte Frage Disraelis, auf die er die Antwort zu geben pflegte: „Wenn Gladstone in die Themse fällt, so ist das ein Unfall. Und wenn ihn jemand wieder herauszieht, so ist das ein Unglück."

Gladstone ignorierte derartige Sticheleien mit unerschütterlichem Selbstbewußtsein. Einer seiner besten Freunde, Labouchère, sagte einmal über ihn: „Ich habe nichts dagegen, daß Gladstone immer ein zusätzliches As im Ärmel stecken hat. Ich habe nur etwas dagegen, daß er so tut, als habe es der liebe Gott persönlich dorthin gesteckt."

Über *Lord John Russell*, den Vorgänger Gladstones, hatte Disraeli einmal gesagt: „Wenn man einem Fremden sagen würde, daß dieser Mann Premierminister der britischen Regierung ist, würde er verstehen, warum die Ägypter ein Insekt als höchstes Wesen verehrt haben."

Nicht einmal die eigenen Parteifreunde waren vor Disraelis ätzendem Spott gefeit. So bedachte er den konservativen Premierminister *John Peel* einmal mit der Bemerkung: „Das Lächeln des ehrenwerten Gentleman erinnert mich an den matten Glanz der Silberbeschläge eines Sarges."

Und einen ungenannt gebliebenen Gegner fertigte Disraeli mit den Worten ab: „Seine Ignoranz ist wirklich bemerkenswert. Er hat in seinem ganzen Leben einen einzigen Gedanken gehabt – und der war falsch!"

Es war geradezu unvermeidlich, daß Disraeli seinerseits Gegenstand spöttischer Kritik wurde. Als man im Unterhaus einmal sagte, es müsse immerhin zugegeben werden, daß Disraeli das Musterbeispiel eines Selfmademan sei, meinte John Bright: „Mir gefällt sehr gut, daß der Premierminister ein Selfmademan ist. Was mir weit weniger gefällt, ist, daß er den, der ihn gemacht hat, so sehr bewundert."

Ähnliches sagte einmal Lord John Russell. Als bei Parlamentswahlen ein außergewöhnlich eitler und selbstbewußter Vertreter der Liberalen Partei kandidierte, dem der Ruf vorausging, Atheist zu sein, meinte er: „Er mag Atheist sein, aber an ein höheres, gottähnliches Wesen glaubt er schon. Nämlich an sich selbst."

In den Salons von London genoß man derartige Wortgeplänkel sehr. So wurde bei einem Damentee darüber diskutiert, wer der ideale Gatte sei: Gladstone oder Disraeli. Alle anwesenden Damen nannten, mit einer einzigen Ausnahme, den charmanten, witzigen und galanten Disraeli. Als man die einsame Außenseiterin nach dem Grund ihrer Wahl fragte, antwortete sie: „Ich würde Gladstone heiraten, damit ich ihn mit Disraeli betrügen kann."

Ehebruch und verwandte Delikte waren ein beliebtes Thema im viktorianischen England. In einer Herrengesellschaft wurde darüber diskutiert, was die angemessenste Strafe für Bigamie sei. Lord John Russells lakonische Antwort lautete: „Zwei Schwiegermütter!"

Disraelis Charme verfehlte auch gegenüber Königin Viktoria seine Wirkung nicht. Er selbst sagte dazu: „Gladstone behandelt die Königin, als sei sie eine öffentliche Institution. Ich behandle sie in dem Wissen, daß sie eine Frau ist . . ."

Ein anderes Mal faßte Disraeli seine Regeln für den Umgang mit der Monarchin in die Worte: „Ich leugne nie. Ich widerspreche selten. Ich vergesse oft!"

Mit den Romanen „Coningsby", „Sybil" und „Tancred" hatte Disraeli bereits in jungen Jahren große literarische Erfolge erzielt. Da er wußte, daß auch Königin Viktoria bisweilen literarisch dilettierte, redete er die Monarchin in vertraulichen Situationen, wenn er ihr schmeicheln wollte, mit den Worten an: „Wir Schriftsteller, Majestät . . ."

Disraeli war nicht nur ein ausgezeichneter Schriftsteller, sondern auch ein blendender Redner. Als Fachmann wußte er, wie schwer es ist, sich knapp und präzise auszudrücken. Als man ihn daher eines Tages fragte, wie lange er brauche, um sich auf eine Rede vorzubereiten, meinte er: „Wenn ich zwei oder mehr Stunden reden kann, bin ich bereit, sofort zu beginnen. Wenn ich nur eine Stunde Redezeit habe, brauche ich einen Tag zur Vorbereitung. Aber wenn ich nur eine Viertelstunde reden kann, brauche ich mindestens eine Woche zur Vorbereitung."

Es ist das Schicksal populärer Politiker, von Leuten gekannt zu werden, die sie selbst nicht kennen oder nicht wiedererkennen. Für solche Fälle hatte Disraeli eine Verhaltensregel: „Wenn ich nach den ersten fünf Minuten des Gespräches noch immer nicht weiß, mit wem ich es zu tun habe, frage ich ganz einfach: ‚Und was macht Ihr altes Leiden . . .?'"

Ein anderes Problem, mit dem sich Politiker fast ständig herumzuschlagen haben, sind die Bitten ihrer Wähler. Ein wohlhabender Bürger seines Wahlkreises kam zu Disraeli mit dem Wunsch, Peer von England zu werden. „Ich kann Sie leider nicht zum Peer machen", sagte der Premierminister. „Aber ich habe etwas viel Besseres: Ich ermächtige Sie, überall zu erzählen, ich hätte Ihnen die Peerswürde angeboten, und Sie hätten abgelehnt."

Einmal attackierten die Liberalen das Kabinett massiv im Unterhaus. Als man auf der Regierungsbank beriet, was und wie man auf die Angriffe erwidern sollte, meinte Disraeli, der nicht daran dachte, sich mit der Opposition auf eine Debatte einzulassen, lakonisch: „Eine Mehrheit ist die beste Erwiderung."

Als im Jahre 1876 die Türken mit Hilfe der mohammedanischen Bevölkerung einen Aufstand der Bulgaren, die um ihre Unabhängigkeit rangen, blutig niederschlugen, erregte sich die öffentliche Meinung Englands sehr über diese Untaten. William Gladstone wandte sich in zahlreichen öffentlichen Reden gegen das Vorgehen der Türken und schrieb schließlich unter dem lapidaren Titel „Die bulgarischen Greuel" eine Broschüre, die großes Aufsehen erregte. Disraeli, der über den politischen und literarischen Erfolg seines Gegners verärgert war, klassifizierte das Werk mit den Worten: „Von allen bulgarischen Greueln sind jene, die Gladstone geschrieben hat, die schrecklichsten.“

Fast hatte es den Anschein, als wetteiferten die führenden Politiker Englands bis zum Tode um den Ruf, die witzigsten und wortgewandtesten Männer des Empires zu sein. Von *Viscount Palmerston*, dem langjährigen Premierminister, der 1865 starb, wird erzählt, daß er auf dem Sterbebett seinem Arzt gesagt habe: „Sterben – das ist das letzte, was ich tun werde, Doktor ...“

Disraeli dagegen korrigierte auf dem Sterbebett die Druckfahnen seiner letzten Oberhausrede und kommentierte diese Beschäftigung mit den Worten: „Ich möchte nicht mit einer schlechten Grammatik in die Nachwelt eingehen ...“

Seine Epigramme, aus denen der Schriftsteller, Politiker und Menschenkenner spricht, haben Disraeli überlebt: „Es ist töricht, alles erklärt haben zu wollen. – Ich bin verpflichtet, meinen Gegnern Argumente zu liefern, aber nicht Verstand. – Gewohnheiten mögen nicht so weise wie Gesetze sein; sie sind aber immer beliebter. – Sprich zu einem Mann über ihn selbst, und er wird dir stundenlang zuhören. – Wenn alle Menschen immer offen ihre Meinung sagen würden, gäbe es keine Konversation. – Es gibt drei Arten von Lügen: Lügen, Komplimente und Statistiken ...“

Während in England das politische Leben seinen gewohnten Gang ging, vollzog sich jenseits des Atlantiks, in den Kolonien von einst, eine große Umwälzung: der Kampf um die Einheit der Union, ausgelöst durch den Streit um die Sklaverei. Die überragende Figur dieser Auseinandersetzung war *Abraham Lincoln,* der seine Stellungnahme zum Sklavenproblem wiederholt in die Worte faßte: „Jedesmal, wenn ich jemanden begegne, der für die Sklaverei ist, drängt es mich, ihn zu fragen: ‚Sind Sie selbst bereit, Sklave zu werden?'"

Lincoln stammte aus ärmlichen Verhältnissen. Er hatte verschiedene Berufe ausgeübt und war unter anderem Landarbeiter gewesen, ehe er Rechtsanwalt wurde und in die Politik ging. Auf seine niedere Herkunft wies er gerne hin. „Gott scheint die schlichten Menschen zu lieben", pflegte er zu sagen. „Sonst hätte er nicht so viele von ihnen gemacht."

Ein Besucher im Weißen Haus war sehr überrascht, als er Lincoln beim Schuheputzen antraf. „Sie putzen Ihre eigenen Schuhe?" fragte er erstaunt. „Ja natürlich", antwortete der Präsident. „Wessen Schuhe sollte ich denn putzen?"

Und als ein anderer Besucher einmal Lincoln fragte, wer sein Großvater gewesen sei, erhielt er zur Antwort: „Mich interessiert nicht sehr, wer mein Großvater war. Mich interessiert viel mehr, was sein Enkel sein wird."

Abraham Lincoln erzählte gerne Anekdoten; so gerne, daß seine Leidenschaft für das Geschichtenerzählen schließlich sogar als politische Waffe gegen ihn verwendet wurde. Nachdem Lincoln im Jahre 1861 zum Präsidenten gewählt worden war, traten elf Südstaaten aus der Union aus und gründeten den Sonderbund der Konföderierten Staaten. Bald darauf erklärte Lincoln alle Sklaven der Südstaaten für frei – der Bürgerkrieg begann. Die Haltung des Präsidenten wurde auch in den Nordstaaten vielfach kritisiert. So erschien nach der Schlacht von Fredericksburg im Jahre 1863 in „Harper's Weekly" eine Karikatur, in der die Symbolgestalt der Columbia den Präsidenten fragte: „Wo sind meine fünfzehntausend Söhne, die bei Fredericksburg gefallen sind?" Und Lincoln antwortete darauf: „Das erinnert mich an eine nette, kleine Geschichte . . ."

Trotz solcher Kritik hielt Lincoln unbeirrt am Anekdotenerzählen fest. Kam man zu ihm mit der Bitte um einen Regierungsposten, antwortete er meist mit der folgenden Geschichte: „Im alten China gab es einen Kaiser, der die Jagd über alles liebte. Dieser Kaiser hatte einen Ratgeber, den er vor seinen Jagdausflügen nach dem Wetter zu fragen pflegte. Die Vorhersagen waren stets so verläßlich, daß der Kaiser eines Tages fragte, wie das möglich sei. Der Ratgeber antwortete, daß dies das Verdienst seines Esels sei – das Tier lege, wenn Regen komme, die Ohren zurück und gehe in den Stall, bei Schönwetter dagegen stelle es die Ohren auf und laufe auf die Weide. Der Kaiser war davon so beeindruckt, daß er den Esel zum Minister ernannte. Und seither", schloß Lincoln seine Geschichte, „glaubt jeder Esel, er kann Minister werden."

Lincoln wurde nicht nur wegen seiner Geschichten kritisiert; man warf ihm auch vor, faul zu sein. Seine lakonische Antwort auf diese Vorwürfe lautete: „Mein Vater hat mich gelehrt zu arbeiten. Er hat mich nicht gelehrt, die Arbeit auch zu lieben."

Wie soviele Politiker lebte Lincoln in ständiger Fehde mit seinen Militärs. Insbesondere General Mc-

Clellan war wegen seines Zauderns die Zielscheibe der Kritik des Weißen Hauses. Berühmt wurde der Brief, den der Präsident während des Sezessionskrieges dem General schrieb; er bestand nur aus einem Satz: „Mein lieber McClellan, falls Sie Ihre Armee nicht gerade brauchen, würde ich sie mir gerne für einige Zeit ausborgen. Mit freundlichen Grüßen, Abraham Lincoln."

Ein anderes Mal besuchte Lincoln, der als Präsident Oberbefehlshaber der Streitkräfte war, mit seinem Adjudanten das Hauptquartier McClellans. Dort traf er zwei Soldaten, die an einem Holzgerüst hämmerten und auf Befragen antworteten, daß sie eine Latrine für den General bauten. „Wird die Latrine ein Loch oder zwei Löcher haben?" fragte Lincoln. „Ein Loch!" meldeten die Soldaten. „Gott sei Dank", sagte Lincoln im Weggehen zu seinem Adjudanten. „Hätte sie zwei Löcher, würde McClellan jedesmal in die Hosen machen, bevor er sich entscheiden kann, auf welches er sich setzen soll."

Am Höhepunkt des Bürgerkrieges wurde Lincoln gefragt, wie stark eigentlich die Armee der Südstaaten sei. „Ich schätze, etwa 1,200.000 Mann", antwortete der Präsident. Als man ihn darauf hinwies, daß diese Zahl viel zu hoch gegriffen sei, meinte er: „Sie müssen mindestens 1,200.000 Mann haben. Jedesmal, wenn wir geschlagen werden, melden mir die Generäle, daß sie einer mindestens dreifachen Übermacht unterlegen sind. Und wir selbst haben 400.000 Mann im Feld . . ."

Die Kritik an den Militärs vermochte nichts an der Tatsache zu ändern, daß schließlich einer der populärsten Generäle der Nordstaaten, Ulysses Grant, zum Präsidenten der Vereinigten Staaten gewählt wurde. Als man seinen Waffengefährten, *General William Tecumseh Sherman,* fragte, ob er auch in das Weiße Haus einziehen wolle, antwortete er mit militärischer Knappheit: „Nein, danke! Lieber vier Jahre Zuchthaus!“

Die Männer um Abraham Lincoln waren rauhe Gesellen. Als der Präsident Simon Cameron zum Kriegsminister ernennen wollte, äußerte *Thaddeus Stevens* Zweifel an der Ehrenhaftigkeit des Kandidaten. „Wollen Sie sagen, daß er stiehlt?“ fragte Lincoln. „Nun“, sagte Stevens, „einen glühendheißen Ofen würde er nicht stehlen.“ Als Cameron davon hörte, verlangte er eine Zurücknahme dieser Verdächtigungen. „Gut“, meinte Stevens, „ich habe gesagt, Sie würden einen glühendheißen Ofen nicht stehlen. Ich nehme das zurück.“

Thaddeus Stevens, ein langjähriger Vertrauter Lincolns, war wegen seiner Grobheit weithin gefürchtet. Als er sich einmal von einem Rechtsanwalt aus Lancaster in Pennsylvanien hintergangen fühlte, rief er ihm vor allen Leuten zu: „Sie müssen ein uneheliches Kind sein. Ich habe den Mann Ihrer Mutter gekannt, und der war ein ehrbarer Gentleman.“

Rauh und temperamentvoll war auch ein Namensvetter von Stevens, der Vizepräsident der Konföderierten Südstaaten, *Alexander H. Stevens.* Er war sehr klein von Wuchs, und so rief ihm ein Gegner einmal zu: „Ich könnte Sie schlucken, ohne daß ich es merke.“ „Wenn Sie das tun“, replizierte Stevens, „dann werden Sie mehr Hirn im Bauch als im Kopf haben!“

Es gab aber auch Abgeordnete, in denen die Tradition der vornehmen Gentleman-Politiker vom Schlage eines Washington, Jefferson und Madison fortlebte. So etwa in *Wendell Phillips*, der in einer Rede in Brooklyn seinen Wählern erklärte: „Einer auf Gottes Seite ist eine Majorität!"

Und *Henry Clay*, der zweimal bei Präsidentschaftswahlen unterlegen war, faßte seine Enttäuschung über die Niederlagen in die Worte: „Es ist besser, auf der Seite des Rechtes geblieben, als Präsident geworden zu sein."

Trotz solch edler Bekenntnisse standen die Amerikaner ihren Politikern mit einem gesunden Mißtrauen gegenüber, und die Politiker selbst übten ihr Amt mit einer gehörigen Portion von Selbstironie aus. „Man kann", sagte Wendell Phillips einmal, „von einem amerikanischen Staatsmann stets die Wahrheit hören – vorausgesetzt, daß er das achtzigste Lebensjahr erreicht oder jede Hoffnung aufgeben hat, jemals Präsident zu werden ..."

In Frankreich folgte auf Napoleon, die Bourbonen, den Bürgerkönig und die Republik zur Abwechslung wieder einmal ein Napoleon. *Louis Napoleon*, der Sohn Ludwig Bonapartes, wurde zum Präsidenten der Republik gewählt, unternahm in der Nacht vom 1. zum 2. Dezember 1852 einen Staatsstreich, der eine neue Verfassung brachte, die ihn zum Präsidenten für zehn Jahre machte, und ließ sich schließlich als Napoleon III. zum Kaiser der Franzosen ausrufen. In der Nacht vor der Machtergreifung sagte ihm der Herzog von Morny, der später einer seiner Minister wurde: „Morgen steht ein Wachtposten vor Ihrer Türe. So oder so."

Das Volk jubelte dem neuen Kaiser zu; die Demokraten waren bestürzt. *Claude Valette* schrieb nach dem Staatsstreich an Napoleon III.: „Verhaften Sie mich. Sie haben zwei Gründe dafür: 1. Ich bin Republikaner, 2. Ich bin ein Mann des Rechtes."

Napoleon III. war ein eitler Mensch, der nicht wollte, daß ihn seine Mitarbeiter überragten. Über Odilon Barrot, einen seiner Ministerpräsidenten, sagten die Leute: „Niemand denkt über nichts so tief nach wie er."

Der Kaiser selbst kam in der öffentlichen Meinung seiner Zeit nicht viel besser weg. Englands Premierminister Palmerston sagte über Napoleon III.: „Dieser Mensch lügt sogar, wenn er schweigt."

Im Krieg von 1870/71 ging das zweite Kaiserrreich der Franzosen unter, und das von Bismarck geschaffene Zweite Reich der Deutschen entstand. Nach der vernichtenden Niederlage von Sedan, die mit der Gefangennahme und dem Sturz Napoleons III. endete, schrieb der Historiker *Adolphe Thiers* über die Fronten hinweg seinem deutschen Kollegen Leopold von Ranke einen Brief, in dem er ihn fragte: „Warum kämpfen Sie nach dem Zusammenbruch unserer Monarchie noch weiter?" Ranke schrieb zurück: „Wir kämpfen gegen Ludwig XIV."

Nach dem verlorenen Krieg wurde Frankreich wieder einmal, und diesmal endgültig, Republik, und Adolphe Thiers wurde zu ihrem ersten Präsidenten gewählt. Den Streit, ob die Monarchie oder die Republik als Staatsform vorzuziehen sei, kommentierte das neue Staatsoberhaupt mit den Worten: „Die beiden Damen sind es nicht wert, daß man sich ihretwegen duelliert."

Obwohl Thiers im Laufe seines Lebens viele politische Ämter bekleidet hatte, beurteilte er den Alltag der Politik aus der Distanz des Historikers. So sagte er einmal geringschätzig über seine Minister: „Sie glauben, sie sind Genies. In Wirklichkeit sind sie nur schlecht erzogen."

Die junge französische Republik stand auf schwachen Beinen; die Anhänger der Monarchie begannen, sich, sobald sie den ersten Schock der Niederlage überwunden hatten, zu sammeln. Vergeblich versuchte Thiers am 24. Mai 1873 vor der Nationalversammlung, die angespannte Situation mit den Worten zu charakterisieren: „Wir sollten alles ernst, aber nichts tragisch nehmen."

Die mahnenden Worte nützten nichts; kurz darauf wurde Thiers gestürzt, und die Monarchisten machten den Marschall *Maurice MacMahon* zum neuen Präsidenten. MacMahon war ein tapferer, aber nicht eben intelligenter Mann. Als ihm auf einer Besichtigungsreise ein Kolonialbeamter, der Neger war, vorgestellt wurde, sagte der Präsident: „Ah, Sie sind Neger! Sehr gut! Machen Sie weiter so!"

Die öffentliche Meinung spottete unverhohlen über den neuen Präsidenten. So erzählte ein Journalist in einem Pariser Salon: „Heute habe ich Präsident MacMahon auf einem wunderschönen Pferd gesehen. Besonders gefallen haben mir die intelligenten Augen. Ich meine natürlich die des Pferdes ..."

Ein anderer tapferer, aber eitler und großsprecherischer General war der Kriegsminister *Georges Boulanger*, Wortführer der Kreise, die Revanche für die Niederlage von 1870/71 forderten. Bei einem Abendessen saß der General neben einer Dame, die ihm sagte: „Herr General, Sie haben sehr schöne Hände." Geschmeichelt antwortete Boulanger: „Madame, Sie sollten meine Füße sehen!"

Leon Gambetta, der Führer der Republikaner, war einer der Politiker, die dem Ungestüm der Revanchisten die Stirne boten. „Um Frankreich zu regieren", sagte er, „muß man heftige Worte, aber maßvolle Taten gebrauchen!"

Inmitten einer sich ständig verändernden Welt, in der neue Nationalstaaten entstanden, Monarchien vergingen und Republiken kamen, versuchte *Franz Joseph I.,* der vorletzte Monarch in der sechshundertjährigen Geschichte der Habsburger, sein Vielvölkerreich durch die Wirren der Zeit zu steuern. Franz Grillparzer hatte schon im Jahre 1853 als Staatsmaxime in sein Tagebuch notiert:

„Für Östreich bleibts bei der Regel, der alten
Rekonvaleszenten sollen sich ruhig verhalten."

Die Donaumonarchie war nur mehr mit Gottes Hilfe zu regieren. Nachdem der Erzbischof von Wien im Kriege von 1866 zur Abwendung der Feindesgefahr zum öffentlichen Gebet aufgerufen hatte, spottete Grillparzer:

„Die Hilfe Gottes, muß ich vermuten
Liegt für uns heut ein wenig im weiten;
Denn nach diesem Leben hilft er den Guten,
In diesem Leben aber — den Gescheiten."

Auch die Bemühungen des Monarchen, durch neue Kabinette der Schwierigkeiten Herr zu werden, stießen auf den Hohn des Poeten; Grillparzer schrieb dazu im Jahre 1870:

„Von der Ministerkrisis
Noch nichts Gewisses g'wiß is
Und ums Finanzministerium
Auch kein großes G'riß is."

Symbol des „Fortwurstelns" der Monarchie war *Graf Eduard Taaffe,* ein Jugendfreund des Kaisers, der mehrere Male Ministerpräsident und unzählige Male Regierungsmitglied war und von dem die Staatsmaxime stammt: „Das Geheimnis des Regierens in der Monarchie besteht darin, alle Völkerschaften bei gleichmäßig temperierter Unzufriedenheit zu erhalten."

Eines der vielen Kabinette der frankisko-josephinischen Zeit war das sogenannte „Bürgerministerium" Auersperg, über das die Wiener spotteten:

„Ein Fürst, zwei Grafen, ein Marquis,
Zwei Herren ‚von', ein Herr auf ‚ski',
Das beweist zur Evidenz
Den Sieg des bürgerlichen Elements."

Um die Einigkeit dieses Bürgerministeriums war es nicht sehr gut bestellt. Franz Joseph ermahnte eines Tages die Mitglieder des Kabinetts: „Meine Herren, Sie müssen mehr füreinander einstehen." Worauf nachher ein Kabinettsmitglied im vertrauten Kreis sagte: „Wie sollen wir füreinander einstehen können, wenn wir einander nicht ausstehen können!?!"

Eines Tages sollte *Josef Neuwirth,* Mitbegründer der „Neuen Freien Presse", seit 1873 liberaler Reichsratsabgeordneter und Großonkel des späteren österreichischen Bundeskanzlers Dr. Bruno Kreisky, Finanzminister werden. Als man Kaiser Franz Joseph die Kabinettsliste vorlegte, befand sich hinter dem Namen des designierten Finanzministers der Vermerk: „Konfessionslos.“ „Konfessionslos?“ meinte der Monarch. „Also, ich muß sagen, da wär mir schon lieber a Jud'!“

Konfessionslos waren nicht nur jene Liberalen, die sich nicht mehr zur jüdischen Religion bekannten, den Weg zu einem anderen Glaubensbekenntnis aber nicht gehen wollten. Konfessionslosigkeit war auch der Ausdruck der liberalen Negierung jedes höheren Wesens schlechthin. Wie weit dieser liberale Atheismus zu gehen vermochte, beweist eine Todesanzeige, die am 9. Oktober 1873 in der „Neuen Freien Presse“ erschienen ist. Sie lautete: „Es hat dem Universum gefallen, seinen Zellenhaufen Emanuel Kolisko in Pettau abzustreifen und der Metamorphose anheimzustellen.“

Einen schweren Schlag erlitt der Liberalismus als wirtschaftliche Kraft durch den Börsenkrach des Jahres 1873. Die Behörden standen dieser Krise hilflos gegenüber. So berief der damalige Polizeiminister der Monarchie die Wiener Bankiers zu sich und drohte ihnen kurzerhand mit der Sperre der Börse. Worauf ihm *Jonas Ritter von Königswarter* im Namen seiner versammelten Berufskollegen sagte: „Exzellenz, Sie kommen mir vor wie ein Mann, dem das Wetter zu schlecht ist, und der daraufhin das Barometer zerschlägt.“

Aus dem wirtschaftlichen Rückschlag erwuchs die soziale Unruhe. In der Donaumonarchie, deren Grenze gegenüber dem Deutschen Reich u. a. in der Nähe von Bodenbach an der Elbe verlief, glaubte man lange Zeit, die soziale Frage sei ein spezifisch deutsches Problem, weil dort die Radikalisierung ausgeprägter und die Industrialisierung fortgeschrittener war. In diesem Sinne äußerte sich jedenfalls der liberale Innenminister *Giskra,* als er im Jahre 1868 gegenüber einer Deputation von Industriearbeitern die berühmten Worte sprach: „In Österreich-Ungarn gibt es keine soziale Frage. Die soziale Frage hört hinter Bodenbach auf!"

Auch der große Spötter *Johann Nestroy* leistete damals seinen Beitrag zur sozialen Frage. „Wenn die reichen Leute", sagte er, „nicht wieder Reiche einladeten, sondern arme Leute, hätten alle genug zu essen ..."

Doch die Zeit war zu ernst für Scherze. Das Jahr 1878 sah noch einmal einen Höhepunkt der klassischen Kabinettspolitik alten Stils. Auf dem Berliner Kongreß verteilten die Großmächte unter dem Vorsitz Bismarcks das türkische Erbe auf dem Balkan: Die neuen Nationalstaaten Rumänien, Serbien, Montenegro und Bulgarien entstanden. Im gleichen Jahre beschloß der deutsche Reichstag das sogenannte Sozialistengesetz: Die Vereine, Versammlungen und Druckschriften der sozialdemokratischen Bewegung wurden verboten; viele ihrer Führer wurden ausgewiesen. Noch einmal schien sich das Rad der Geschichte zurückzudrehen, noch einmal schien die Maxime zu triumphieren, die dreißig Jahre zuvor, nach der Revolution von 1848, der konservative Staatsrat *Wilhelm von Merckel* aufgestellt hatte: „Gegen Demokraten helfen nur Soldaten!"

KAPITEL III

Macht euch euern Dreck alleene

oder

PARLAMENTE, PARTEIEN UND PROGRAMME 1878—1918

Wenn es keine Parlamente gäbe, könnte jeder Kellner regieren.

Otto von Bismarck, 1880

Die Anfänge der Arbeiterbewegung gingen auf die bürgerliche Revolution des Jahres 1848 und auf das im gleichen Jahre veröffentlichte „Kommunistische Manifest“ von Karl Marx zurück. Marx, dessen „Kapital“ im Jahre 1867 erschienen war, fand bald viele Schüler und Anhänger. Einer der bedeutendsten war *Ferdinand Lassalle*, der in seinem „Kriegsmanifest gegen die Welt“ den mitreißenden Schwung seiner Ideen in die Worte kleidete: „Arm in Arm mit mir, so ford'r ich mein Jahrhundert in die Schranken!“

Friedrich Engels, der engste Mitarbeiter Karl Marx', Sohn einer rheinischen Industriellenfamilie, hatte bereits in jungen Jahren unter dem Pseudonym Friedrich Oswald Artikel publiziert. Während seiner Züricher Studienzeit veröffentlichte Engels eine anonyme Broschüre. In diesem „Christlichen Heldengedicht“, einer Parodie auf Goethes „Faust“, die er selbst illustrierte, karikierte sich Engels mit den Worten:

„Doch der am weitesten links mit langen Beinen toset,
Ist Oswald, grau berockt und pfefferfarb behoset,
Auch innen pfefferhaft, Oswald der Montagnard,
Der wurzelhafteste mit Haut und auch mit Haar.
Er spielt ein Instrument: das ist die Guillotine,
Auf ihr begleitet er stets eine Kavantine;
Stets tönt das Höllenlied, laut brüllt er den Refrain:
Formez vos bataillons! aux armes, citoyens!“

Ferdinand Lassalle, Sohn eines Textilhändlers aus Breslau, hatte in jungen Jahren die Handelsschule in Leipzig besucht, von wo er seinem Vater schrieb: „Jeden Tag halte ich in der Klasse die herrlichsten Reden von Robespierre und entzünde mit allen Feuerworten glühendster Beredsamkeit, die mir zu Gebote stehen, die naßkalten deutschen Jünglingsherzen." Lassalles Klassenlehrer Schiebe verfolgte dieses Treiben seines begabten Schülers mit Skepsis und warnte ihn: „Der Kaufmann, der von Sokrates und Cicero spricht, wird gar bald seinem Bankerott entgegensehen."

Lassalle wurde aber nicht Kaufmann, sondern beschäftigte sich mit wirtschaftlichen Fragen auf einer ganz anderen Ebene. Er ging, wie er kurz vor dem Erscheinen des „Kapitals" an Marx schrieb, „mit einem nationalökonomischen Werk schwanger", fügte aber hinzu: „Ich unterlasse diese ganze Niederkunft, wenn Marx, was ich fast vermuten muß, die Hauptdinge vorweggenommen hat. Wird, was zu sagen ist, von einem anderen gesagt, so brauch ich es nicht zu tun. Und ich kenne niemand, von dem ich mich lieber überflüssig machen ließe als von Marx."

Überflüssig war Lassalle keineswegs. Am 12. April 1868 hielt er im Berliner Handwerkerverein einen Vortrag, der unter dem Namen „Arbeiterprogramm" in die Geschichte der Sozialdemokratie einging. In diesem Vortrag sprach Lassalle einen Satz, der fortan richtungweisend für das intellektuelle Streben der Arbeiterbewegung sein sollte. „Von der hohen Bergspitze der Wissenschaft aus", sagte er, „sieht man das Morgenrot des neuen Tages früher als unten in dem Gewühl des täglichen Lebens."

Obwohl Lassalle in Wort, Schrift und Tat für die Besserstellung der Arbeiterklasse eintrat, stand er doch voll und ganz auf dem Boden der Monarchie. Er hatte mehrere Unterredungen mit Bismarck, der vierzehn Jahre nach Lassalles Tod, am 17. September 1878, mit unverhohlenem Spott über den Sozialistenführer sagte: „Lassalle war ehrgeizig im hohen Stil, und ob das deutsche Kaisertum gerade mit der Dynastie Hohenzollern oder mit der Dynastie Lassalle abschließen solle, das war ihm vielleicht zweifelhaft – aber monarchisch war seine Gesinnung durch und durch."

Bismarck war ein weitblickender Staatsmann, aber für soziale Fragen hatte er bis zuletzt wenig Verständnis. Friedrich Engels berichtet in einem Brief an August Bebel vom 11. Oktober 1884 folgende Begebenheit: Bismarck fragte auf einer seiner Reisen einen Fabriksinspektor nach seinem Gehalt. „1000 Taler", war die Antwort. „Das ist wenig", meinte Bismarck. „Da sind Sie wohl auf Bestechung angewiesen."

In Österreich wurde nach dem „Parteitag der Einigung", der vom 30. Dezember 1888 bis zum 1. Januar 1889 in Hainfeld stattgefunden hatte, *Dr. Viktor Adler* der Führer der Sozialdemokraten. Er, der sich selbst einmal einen „Hofrat der Revolution" genannt hatte, führte die Partei aus kleinen Anfängen auf die Höhen einer großen Massenbewegung. Auf dem Gründungskongreß der Zweiten Internationale, der im Jahre 1889 in Paris zusammentrat, schilderte er die Zustände in seinem Lande mit den Worten: „Die Freiheit in Österreich ist ein kompliziertes Wesen, das die Mitte hält zwischen der Freiheit in Rußland und der Freiheit in Deutschland. In der Form ist sie deutsch, in der Ausführung russisch. Aber sonderbar genug, die österreichische Regierung ist gleich unfähig, bei einem Werk der Gerechtigkeit konsequent zu sein wie bei einem Werk der Unterdrückung. Sie schwankt beständig hin und her – wir haben den Despotismus, gemildert durch Schlamperei!"

Die deutschen Sozialdemokraten beneideten die österreichischen Genossen um diese Zustände. Nachdem Friedrich Engels einmal die österreichische Sozialdemokratie als Vorbild hingestellt hatte, schrieb ihm *August Bebel* am 11. März 1895: „Dort hat man schlechte Gesetze, aber man wendet sie lau an, bei uns sind sie besser, aber man wendet sie so an, daß sie schlechter werden als die schlechtesten in Österreich. Uns fehlt eben die österreichische Schlamperei ..."

Auch Professor *Thomas Masaryk*, der spätere Präsident der tschechoslowakischen Republik, lieferte eine Beschreibung der österreichischen Zustände; mit seinem Freunde, dem Dichter Machar, im Café Griensteidl sitzend, sagte er: „Österreich – das ist Absolutismus mit Wurstelprater."

Was dagegen die Zustände im zaristischen Rußland betraf, so faßte sie *Graf Münster* in die Worte: „Jedes Land hat seine eigene Verfassung. Die russische beruht auf Absolutismus, gemildert durch Meuchelmord."

Mehr noch als durch den Sozialismus sah sich die Habsburgermonarchie durch den Nationalismus bedroht. Ob in Böhmen, Mähren, Ungarn, Kroatien, Slowenien oder Oberitalien – überall mußte man auf das erwachende Nationalgefühl der Völker Rücksicht nehmen. Als der leutselige *Erzherzog Eugen* einmal eine als besonders rebellisch geltende Gemeinde in Böhmen besuchte, riet man ihm vorher, im Gespräch mit den örtlichen Honoratioren nur unverfängliche Themen zu wählen. Eingedenk dieses Rates beschloß der Erzherzog, über das Wetter zu reden und fragte nach der Begrüßung den Bürgermeister: „Nun, und wie ist es denn mit dem Klima hier in Ihrer Gegend?“ Worauf der Bürgermeister antwortete: „Kaiserliche Hoheit, bittescheen, haben wir zwei Klima hier im Ort. Der eine is ein ganz anständiger Mensch, aber der andere is a schwarzgelber Hund, a schwarzgelber ...“

Unter den jungen italienischen Irredentisten, die an der Innsbrucker Universität studierten, war auch der spätere Ministerpräsident *Alcide de Gasperi*. Im November 1904 veranstaltete er mit seinen Kollegen eine große Demonstration, um die Errichtung einer italienischen Universität in Trient zu erzwingen. Die Demonstranten wurden verhaftet und nach einem kurzen Prozeß zu vier Wochen Arrest verurteilt. Es war ein fröhliches Gefängnis, in das sie gesteckt wurden, denn in ihrer großen Gemeinschaftszelle brachten sie folgendes Schild an: „Italienische Juristische Fakultät des K. u. K. Gefängnisses Innsbruck.“

In den dreißig Jahren, in denen *Viktor Adler* an der Spitze der Sozialdemokratischen Partei stand, mußte er unzählige Male vor Gericht erscheinen. Er kommentierte dies in einem seiner Prozesse gelassen mit den Worten: „Es sind mir so viele Verbrechen, Vergehen und Übertretungen zur Last gelegt worden, als man überhaupt anständigerweise begehen kann.“

Einen Polizeibeamten, der ihm versicherte, das Anzeigen verdächtiger Reden in Versammlungen sei ihm schon widerwärtig, tröstete Viktor Adler mit den Worten: „Machen's Ihnen nix draus. Das Anklagen ist ihr Geschäft, das Sitzen das unsrige. Und uns beiden geht's ganz gut dabei ...“

Berühmt wurde der Prozeß vor dem sogenannten Holzinger-Senat, in dem sich Viktor Adler wegen Aufwiegelung zu verantworten hatte. Nachdem ihn der Staatsanwalt mit einem Manne verglichen hatte, der mit einer brennenden Fackel in einem Magazin voll Pulverfässern umhergehe, antwortete ihm Adler: „Wenn Sie die Explosion nicht haben wollen, dann räumen Sie die Pulverfässer weg!"

Nachdem Adler im Verlaufe des Prozesses ein Bekenntnis zur friedlichen Durchsetzung der Forderungen seiner Partei abgelegt hatte, fragte ihn der Vorsitzende: „Halten Sie also unter allen Umständen Gewalt zur Durchsetzung revolutionärer Forderungen für ausgeschlossen?" Gelassen antwortete der Angeklagte: „Ich kann natürlich für die Weltgeschichte keine Garantie übernehmen ..."

Der Prozeß schloß mit einer großen Verteidigungsrede des Angeklagten. Als der Vorsitzende zur Kürze mahnte, antwortete ihm Adler: „Herr Präsident, ich bin mir bewußt, das Gericht und die Herren Geschworenen zuviel in Anspruch zu nehmen, aber ich bitte zu bedenken: Ich habe mich ja nicht auf diesen Platz gedrängt, sondern ich bin hierher berufen worden vom Herrn Staatsanwalt."

Als schließlich auch die Geschworenen unruhig wurden, bat Adler um ihr Verständnis, indem er sagte: „Es ist sehr langweilig, hier zu sitzen und mir zuzuhören, das räume ich ein; aber bedenken Sie, es wäre für mich noch erheblich langweiliger, wo anders länger zu sitzen ..."

Ermutigt durch das päpstliche Rundschreiben „Rerum novarum" vom 15. Mai 1891 trat an die Seite der sozialdemokratischen Parteien die christliche Arbeiterbewegung. Die Notwendigkeit, sie vom Geruch des Frömmlertums zu befreien, faßte einer ihrer Wegbereiter, *Carl Sonnenschein*, in die schönen Worte: „Wenn doch zur Heiligkeit Horizont, zur Frömmigkeit Frische, zur Gesinnung Geschmack kommen wollte!"

Der poulärste Repräsentant der jungen christlichsozialen Bewegung wurde *Karl Lueger*. Er hatte bei den Wiener Nachwahlen des Jahres 1876 erstmals kandidiert und durch sein temperamentvolles Auftreten sofort Aufsehen erregt. Sein Mentor, der Präsident des Landstraßer Bürgerklubs, *Ritter von Khunn*, ein Veteran der Revolution von 1848, kommentierte das ungestüme Benehmen seines Schützlings auf gut wienerisch mit den Worten: „Er ist halt ein junger, ungegorener Wein. Aber ein guter Jahrgang!"

Lueger, Sohn eines Hochschulpedells, von Beruf Rechtsanwalt, genannt der „Schöne Karl", stieg zum modernen Volkstribun empor. Obwohl seine Partei antisemitisch eingestellt war, hatte er viele jüdische Freunde, wozu er apodiktisch erklärte: „Wer a Jud is, bestimm ich ..." Und obwohl die Christlichsozialen ihren Zulauf nicht zuletzt den kleinen Gewerbetreibenden verdankten, die sich von den Zuwanderern aus allen Teilen der Monarchie bedrängt fühlten, quittierte Lueger Attacken gegen die vielen böhmischen Schuster und Schneider mit den Worten: „Laßt's mir meine Böhm in Ruah ..."

Nachdem Kaiser Franz Joseph bereits dreimal seiner Bestellung die Zustimmung verweigert hatte, wurde Karl Lueger schließlich im Jahre 1897 Bürgermeister von Wien. Innerhalb kurzer Zeit vollbrachte er eine beachtliche Aufbauleistung: Die Straßenbahn wurde kommunalisiert, ein Gaswerk errichtet und Spitäler, Altersheime, Schulen und Bäder wurden gebaut. Ganz und gar ungewohnt für die Wiener war, daß alle Gebäude ein Schild mit dem Hinweis trugen, daß sie unter Bürgermeister Lueger errichtet worden waren. Als damals im Tiergarten Schönbrunn zur allgemeinen Freude ein Elefant auf die Welt kam, brachte ein Witzblatt eine Karikatur: Sie zeigte den Käfig des Elefantenbabys und darauf ein Schild mit der Inschrift: „Geworfen unter Bürgermeister Dr. Karl Lueger."

Die Deutschnationalen, auch Großdeutsche genannt, waren neben den Christlichsozialen und den Sozialdemokraten die dritte Partei, die aus dem Zerfall der einst mächtigen liberalen Bewegung hervorgegangen war und nunmehr das politische Leben beherrschte. Um die Einigkeit der Partei, die unter der Führung Georg von Schönerers stand, war es nicht gut bestellt; über ihr Verhalten im Reichsrat ging das Spottverslein um:

„Der eine saß, der andere stand,
Der stimmte für, der wider,
Das ist der Nationalverband,
Stimmt an das Lied der Lieder . . ."

Und als Franz Joseph vor einer wichtigen Abstimmung seinen Ministerpräsidenten fragte, wie sich die Deutschnationalen verhalten würden, antwortete *Graf Taaffe:* „Es ist sehr schwer, Majestät, so aus dem Handgelenk zu sagen, was das Dümmste ist, was man machen kann."

Im Jahre 1907 wurde in Österreich das freie, allgemeine und gleiche Wahlrecht eingeführt, das den

Sozialdemokraten einen großen Erfolg brachte. Als Kaiser Franz Joseph die Abgeordneten in die Hofburg zur Entgegennahme einer Thronrede einlud, gab es im sozialdemokratischen Parteivorstand eine lange Debatte darüber, ob aufrechte Arbeitervertreter einen solchen „Gang zu Hofe" mitmachen könnten. Der ansonsten sehr radikale Abgeordnete *Schuhmeier* entschied die Diskussion mit den Worten: „Die österreichische Sozialdemokratie ist heute so stark, daß vor ihr nicht verschlossen werden kann das Tor der letzten Hütte, sondern auch aufgemacht werden müssen die Tore der Hofburg!"

Als ein Jahr darauf der sozialdemokratische Abgeordnete Pernerstorfer zum Vizepräsidenten des Abgeordnetenhauses gewählt wurde und eine Antrittsaudienz bei Hof machen sollte, gab es abermals eine lange Diskussion im Parteivorstand. Pernerstorfer ging, und als man nach der Audienz den Kaiser fragte, wie sie verlaufen sei, sagte Franz Joseph: „Der Herr Pernerstorfer war sehr nett zu mir."

Im Wien der Jahrhundertwende, das Karl Kraus eine „Versuchsstation für Weltuntergang" genannt hat, saßen Stalin, der hier seine Studie über das Nationalitätenproblem schrieb, Trotzki, der im Café Central Schach spielte, wenn er nicht die illegale „Prawda" redigierte, und der junge *Bucharin,* den die konspirative Tätigkeit so erschöpft hatte, daß er einem Nervenzusammenbruch nahe war. Er wandte sich daraufhin an Dr. Alfred Adler, den nachmaligen Schöpfer der Individualpsychologie, der ihm einen simplen Rat gab – er möge sich ein Mädchen nehmen. Als Adler einige Zeit später seinen Patienten fragte, ob das Mittel geholfen habe, erhielt er zur Antwort: „Wunderbar! Wir haben die ganze Nacht über die Kapitaltheorie von Rosa Luxemburg diskutiert!"

Leo Trotzki, der Sohn eines Schneiders aus Odessa, hatte eine seiner ersten Begegnungen mit revolutionären Ideen im Jahre 1897 in der kleinen Industriestadt Nikolajew. Sein Schulmeister war der Elektromechaniker Iwan Muchin, der dazu einen Haufen weißer Bohnen zu Hilfe nahm. „Ich lege eine Bohne auf den Tisch", sagte Muchin, als die beiden in einer Schenke beisammen saßen, „das ist der Zar. Ich umgebe sie ringsherum mit anderen Bohnen: das sind die Minister, Bischöfe und Generale, dann folgt der Adel, die Kaufmannschaft, und dieser Haufen ist das einfache Volk. Jetzt frage ich: Wo ist der Zar? Hier in der Mitte! Wo sind die Minister? Hier ringsherum! So, und jetzt mische ich alle Bohnen durcheinander. Nun zeig mal: Wo ist jetzt der Zar? Wo sind jetzt die Minister? Jetzt kann sie niemand mehr finden. Und so müssen wir es machen", schloß Muchin, „alles durcheinandermischen, bis man den Zaren und die Leute um ihn herum nicht mehr finden kann!"

Lenin wurde bei seiner konspirativen Tätigkeit nicht zuletzt durch die Liebe zu seinem älteren Bruder beflügelt, der als Student der Naturwissenschaft nach einer mißglückten Verschwörung in Petersburg hingerichtet worden war. Trotzdem sagte er einmal über ihn: „Mein Bruder kann nicht das Zeug eines Revolutionärs in sich gehabt haben! Ein Revolutionär konnte unmöglich so viel Zeit für die Erforschung der Ringelwürmer verschwenden!"

Auf dem Londoner Kongreß der Internationale im Jahre 1907 kam es in den Wandelgängen im Beisein

Trotzkis zu einem Streitgespräch zwischen Lenin und Rosa Luxemburg über die Frage der sogenannten permanenten Revolution. „Wir verstehen uns nicht“, sagte Lenin schließlich, „weil Rosa nicht gut genug russisch spricht.“ „Sie spricht nicht gut Russisch“, erwiderte ihm Trotzki, „aber sie spricht gut marxistisch.“

Georg Lukacs, der ungarische Marxist, der in Deutschland studierte, war einmal im Heidelberger Akademischen Diskussions-Club zu Besuch. Im Verlauf des Gespräches fragte eine der Professorenfrauen: „Besteht nicht trotz allem ein inniges Band zwischen Unternehmer und Arbeiter?“ „Gewiß“, antwortete Lukacs. „Wie zwischen Spinne und Fliege im Netz.“

Das Establishment nahm alle diese jungen aufrührerischen Studenten nicht sehr ernst. Als man in Wien einmal über die Gefahr einer Revolution in Rußland diskutierte, meinte der Sektionschef im Außenministerium, *Baron von Schlechta:* „Ich bitt' Sie, wer soll denn a Revolution in Rußland machen? Vielleicht der Herr Trotzki aus dem Café Central?!?“

Einer der Pioniere der englischen Arbeiterbewegung war Keir Hardie, ein schlichter Mann aus dem Volke, über den *Charles Masterman* einmal zu Winston Churchill sagte: „Er ist kein großer Politiker, aber er wird lange vor uns beiden in den Himmel kommen.“ „Wenn der Himmel voll ist von Leuten wie Hardie“, meinte Churchill, „dann will ich gar nicht erst dort hinauf kommen.“

Anders als in Europa war die Arbeiterbewegung in Amerika ein weitgehend ideologiefreier Zusammenschluß auf rein gewerkschaftlicher Basis. Der große amerikanische Arbeiterführer *Samuel Gomper* wurde einmal gefragt: „Was wollen die Gewerkschaften eigentlich?“ Seine Antwort bestand aus einem Wort: „Mehr!“

Die überragende Gestalt des französischen Sozialismus war Jean Jaurès, ein Mann, der über alle politischen Grenzen hinweg Freunde in allen Parteien hatte. Einmal griff Jaurès im Parlament Aristide Briand, mit dem er befreundet war, unter großem Beifall ungewöhnlich scharf an. Nach der Rede sagte *Briand:* „Jaurès ist immer gut, aber nie ist er besser, als wenn er einen seiner besten Freunde attackiert.“

Briand, Barthou, Poincaré, Clemenceau — das waren die großen Persönlichkeiten der französischen Politik. *Georges Clemenceau*, der eigentlich Arzt war, hatte seine politische Laufbahn als Chefredakteur der „Gerechtigkeit“ begonnen. Dort ließ er in der Redaktion ein Schild anbringen: „Die Herren Redakteure werden gebeten, nicht zu gehen, bevor sie gekommen sind.“

Einen neuen Redakteur empfing Clemenceau mit den Worten: „Schreiben ist ganz einfach: Hauptwort, Zeitwort, Umstandswort . . . Wenn Sie hin und wieder auch ein Eigenschaftswort verwenden, mache ich Sie zum Mitglied der Chefredaktion.“

Über einen als großen Schmeichler bekannten Mann sagte Clemenceau: „Er hat seine eigene Grammatik. Bei ihm besteht jeder Satz aus Hauptwort, Zeitwort und Kompliment . . .“

Von der „Gerechtigkeit" wechselte Clemenceau zur „Aurore". Dort saß er eines Tages mit *Octave Mirbeau* in der Redaktion, als auf der Straße Schüsse knallten. „Wahrscheinlich ein Anarchist", meinte Mirbeau. „Oder ein Verrückter", sagte Clemenceau. Gleich darauf hörte man neuerlich Schüsse und den Ruf „Es lebe die Gerechtigkeit!" Darauf Clemenceau: „Wie ich sagte – ein Verrückter!"

In einer Gesellschaft wurde die Unbestechlichkeit eines Journalisten mit den Worten gepriesen: „Er nimmt kein Geld." „Das ist schlecht", sagte Clemenceau. „Mit Journalisten ist es wie mit Frauen – die, die kein Geld nehmen, sind die teuersten."

Als Clemenceau im Jahre 1906 Innenminister wurde, ging er am Tag nach der Ernennung mit seinem Sekretär durch das Ministerium. Das erste Zimmer, in das sie kamen, war leer. Das zweite ebenfalls. Und so ging es weiter von Raum zu Raum. Schließlich kamen sie in eine Stube, in der ein Beamter an seinem Schreibtisch schlief. Der Sekretär wollte ihn sofort wecken, doch Clemenceau sagte: „Lassen Sie ihn, um Himmels willen, schlafen. Sonst geht er uns auch noch weg!"

Erlebnisse wie diese veranlaßten den Schriftsteller *Georges Courteline* zu der Bemerkung: „Die französische Bürokratie ist eine Institution, bei der jene, die zu spät kommen, auf der Stiege jenen begegnen, die früher weggehen."

Und *Charles Péguy* meinte: „Was das französische Volk trennt, sind heute nicht mehr die Barrikaden der Revolutionäre, sondern die Schalter der Bürokraten."

Ein Präfekt kam zum Innenminister Clemenceau, um sich zu beschweren: „Ich höre, Sie wollen mich abberufen! Warum? Bin ich dumm? Oder unehrlich?“ „Mein lieber Freund“, sagte Clemenceau gemütlich, „das eine schließt das andere ja nicht aus.“

Einem anderen Präfekten hatte Clemenceau eine ungewöhnlich hohe Stufe der Ehrenlegion verliehen. Darauf kam es zu scharfen Angriffen im Parlament, die in der Frage mündeten: „Warum haben Sie diesem Mann die Ehrenlegion verliehen?“ Clemenceaus Antwort: „Weil er sie noch nicht hatte!“

Kaum war Clemenceau Außenminister geworden, als er einen seiner Parteifreunde als Botschafter ins Ausland schickte. Worauf ein hoher Beamter des Außenministeriums sagte: „Um einen Trottel zum Botschafter zu machen, hätte er nicht einen Politiker nehmen müssen. Den hätte er bei uns im Amt auch gefunden.“

Nachdem er zahlreiche Ressorts bekleidet hatte, wurde Clemenceau schließlich Ministerpräsident. An seinen Kabinettsmitgliedern hatte er viel auszusetzen. So klagte er über den Leiter seines Finanzressorts: „Ausgerechnet ich muß zum Finanzminister den einzigen Juden in ganz Frankreich haben, der von Geld nichts versteht . . . !“

Ein anderer Minister war ein sehr schlechter Redner, über den alle Abgeordneten lachten. Schließlich sagte ein Parlamentarier zum Ministerpräsidenten: „Warum nimmt er sich nicht wenigstens ein Manuskript!?!“ „Geht nicht“, antwortete Clemenceau. „Er kann nicht lesen!“

Ein Abgeordneter sagte zu Clemenceau: „Als Sie Ihr erstes Kabinett bildeten, war ich gerade in Opposition." „Ich auch!" antwortete Clemenceau. „Sie können nicht in Oposition gewesen sein", erwiderte der Abgeordnete. „Sie waren ja der Ministerpräsident." „Doch", sagte Clemenceau ungerührt. „Ich war in Opposition gegen alle meine Minister."

Über zahlreiche Fragen äußerte sich Clemenceau in epigrammatischer Kürze. Über Unentbehrlichkeit: „Die Friedhöfe der Welt sind voll von Leuten, die sich für unentbehrlich hielten." – Über Ehre: „Mit der Ehre ist es wie mit der Jungfräulichkeit; beide sind nur einmal etwas wert." – Über Demokratie: „Demokratie ist das Recht der Flöhe, den Löwen zu fressen." – Über Gesinnungswandel: „Wer die eigene Partei verläßt, um zu einer anderen zu gehen, ist ein Verräter; wer eine andere Partei verläßt, um zur eigenen zu kommen, ist ein Bekehrter."

Wie viele andere Politiker hatte Clemenceau im „Fall Dreyfus" leidenschaftlich die Partei des angeblichen Landesverräters ergriffen. Nach der Rehabilitierung besuchte er Dreyfus und hatte ein langes Gespräch mit ihm. Nachher sagte er kopfschüttelnd: „Es ist zum Verzweifeln. Ich habe den Eindruck, daß Dreyfus der einzige Mensch ist, der nicht begriffen hat, worum es im ‚Fall Dreyfus' gegangen ist."

Im Gegensatz zu Clemenceau war *Raymond Poincaré* gelernter Jurist. Clemenceau sagte über ihn: „Das Problem mit Poincaré ist nicht, daß er Advokat ist. Das Problem ist, daß in ihm zwei Advokaten stecken, von denen einer immer Pro und der andere Contra plädiert ..."

Poincaré war mit dreißig Jahren erstmals Minister geworden, worauf seine Mutter sagte: „Wenn es gut geht, geht es gut. Aber ein Metier, um Karriere zu machen, ist das nicht . . .“

Auch Poincaré ging mit seinen Ministern nicht sehr freundlich um. Als ihm ein Regierungskollege sagte, er arbeite am liebsten am Abend, weil er da die besten Ideen habe, meinte Poincaré mit kaum gespieltem Erstaunen: „Seit wann braucht ein Minister Ideen?“

Aristide Briand war begeisterter Fischer. Bald nachdem er zum ersten Male Minister geworden war, klagte er: „Ich fange jetzt gar nichts mehr. Die Fische sind alle zur Opposition übergegangen.“

Ein Advokat kam zum Justizminister Briand und schilderte ihm sein Problem: „Mein Klient ist zu 15 Monaten Gefängnis verurteilt worden, und weil er Ausländer ist, soll er anschließend abgeschoben werden. Er möchte aber unbedingt in Frankreich bleiben.“ „Das läßt sich machen“, meinte Briand. „Wir können ihn noch einmal für fünfzehn Monate einsperren.“

In einer Gesellschaft wurde darüber diskutiert, ob es leichter war, Minister unter dem Absolutismus zu sein als in der Demokratie. Briand meinte dazu: „Natürlich hatten es die absolutistischen Minister leichter. Sie hatten die Bastille, einen rotgekleideten Herrn mit einem sehr unangenehmen scharfen Instrument, den sie heranziehen konnten, und außerdem mußten sie nur einem Souverän gefallen. Wir haben keine Bastille, keinen rotgekleideten Herrn und müssen 900 Souveränen in Kammer und Senat gefallen.“

Briand war Politiker mit Leib und Seele, aber als man ihn eines Tages fragte, ob ihn sein Beruf befriedige, sagte er: „Man muß eine Tonne Pechblende schürfen, um ein Gramm Uran zu gewinnen, und man muß in der Politik eine Tonne Langeweile, Enttäuschungen und Kränkungen hinnehmen, um ein Gramm Befriedigung zu finden."

In zahlreichen schwierigen Situationen wurde Briand in die Regierung berufen oder mit der Kabinettsbildung betraut. Er meinte dazu schließlich melancholisch: „Ich sah einmal einen jungen Mann, der in einen Porzellanladen trat und die Waren mit seinem Spazierstock zerdrosch. Alle Leute sahen ihm zu. Bald darauf kam ein alter Mann mit einem Besen, der die Scherben zusammenkehrte. Niemand hat ihn beachtet. Dieser alte Mann, der die Scherben zusammenkehrt und den niemand beachtet – das bin ich!"

Louis Barthou war kam dreißig Jahre alt, als er im Jahre 1892 Minister für öffentliche Bauten wurde. Bald nach seiner Ernennung traf er in der Kammer den korsischen Abgeordneten Arène, der seit Jahren den Bau einer Eisenbahn auf Korsika verlangte. „Ich werde Ihnen Ihre Eisenbahn bauen", sagte Barthou im Scherz zu Arène. „Um Himmels willen nicht!" antwortete ebenso im Scherz der Abgeordnete. „Wenn Sie das tun – was soll ich dann in Zukunft meinen Wählern versprechen?!?"

In einem Pariser Salon wurden Geister beschworen. Als der Finanzminister Joseph Callaux in das Zimmer kommen wollte, sagte Barthou: „Laßt ihn nicht herein. Calloux ist imstande und besteuert die Geister."

Als in Paris wieder einmal eine Regierungskrise ausgebrochen war, unterhielt sich Poincaré mit dem Staatspräsidenten *Felix Faure* über die Gefahr eines Staatsstreiches. „Wenn ein Staatsstreich stattfindet", sagte Faure, „kommt ein General mit gezogenem Säbel in mein Zimmer. Daraufhin werde ich sagen: ‚Habt acht! Drei Tage Stubenarrest!' Darauf wird er den Säbel einstecken, und der Staatsstreich ist vorüber!"

Die Politiker, die über die Militärs spotteten, gaben ihrerseits Anlaß zum Spott. Nach dem Balkankrieg fand im französischen Parlament eine große Wehrdebatte statt, in deren Verlauf angesichts der Feuerkraft, Reichweite und Zielgenauigkeit der modernen Gewehre vorgeschlagen wurde, die weithin sichtbaren roten Hosen der französischen Infanteristen durch ein weniger auffälliges Tuch zu ersetzen. „Die roten Hosen abschaffen?!" rief daraufhin der Abgeordnete *Etienne*, ein ehemaliger Kriegsminister. „Niemals! Die rote Hose ist Frankreich!"

Wie in den meisten Ländern hatte auch in Frankreich der Staatspräsident vorwiegend repräsentative Funktionen, was Clemenceau mit der Bemerkung quittierte, es gebe zwei unnötige Dinge auf der Welt – die Prostata und den Präsidenten der französischen Republik. Eine der Repräsentativfunktionen des Staatsoberhauptes war das Eröffnen und Besuchen von Ausstellungen. Als Staatspräsident *Loubet* einmal eine Ausstellung moderner Maler zu besichtigen hatte, sagte er zu seinem Sekretär: „Gehen Sie voraus! Ich folge! Mit geschlossenen Augen!"

Im französischen Parlament saßen nicht nur große Persönlichkeiten, sondern auch kleine Geister. Als man den Abgeordneten *Césare Mery* im vertrauten Kreis nach seinen politischen Ansichten fragte, sagte er: „Ja, das hängt ganz davon ab, mit wem ich gerade spreche ..."

Die französische Politik um die Jahrhundertwende, dieses Kommen und Gehen von Kabinetten, die großen und kleinen Krisen in Permanenz, gab zu vielen Kommentaren Anlaß. „Die französische Republik", sagte *Achille Tournier,* „ist ein Zug, der zu viele Lokomotivführer und zu wenige Mechaniker hat." Und *Alfred Capus* meinte: „Die französische Demokratie ist ein Spiel, das in Paris gespielt wird, aber dessen Karten in der Provinz gemischt werden."

Wie in den meisten europäischen Staaten formierten sich auch in England gegen Ende des 19. Jahrhunderts die politischen Parteien im heutigen Sinne; Sekretariate wurden eingerichtet, ständige Mitgliederorganisationen geschaffen und regelmäßig abendliche Versammlungen abgehalten. Was den Schriftsteller *Oscar Wilde* zu der Bemerkung veranlaßte: „Die Demokratie ist eine feine Sache, aber sie verdirbt einem die ganzen Abende."

Eine Besonderheit der englischen Demokratie war die Suffragettenbewegung, der Kampf um Emanzipation und Wahlrecht der Frauen. Eine besonders engagierte Frauenrechtlerin sagte zu Premierminister *Joseph Chamberlain:* „Der Tag wird kommen, an dem Frauen England regieren werden." Chamberlain küßte ihr galant die Hand und sagte: „Und das wird gar nichts Neues sein!"

Die Suffragetten benahmen sich bei ihren Demonstrationen oft sehr stürmisch, wurden tätlich gegen die Polizei und kamen dann in den Arrest. Dort tröstete einmal eine Veteranin des Emanzipationskampfes eine schluchzende junge Kollegin mit den Worten: „Vertraue auf Gott! Sie wird dir helfen!"

Bevor *Robert Scott* zu seiner letzten Südpolexpedition aufbrach, bat er den Schatzkanzler der liberalen Regierung, Lloyd George, um einen Finanzierungsbeitrag. Lloyd George lehnte ab, empfahl Scott aber, sich an einen bekannten Bankier zu wenden, der allerdings der Konservativen Partei angehörte. Der Schatzkanzler erkundigte sich nach einiger Zeit nach dem Erfolg der Vorsprache, worauf ihm Scott sagte: „Tausend Pfund habe ich sofort bekommen, nachdem ich sagte, daß ich von Ihnen komme. Fünftausend Pfund hat er mir für den Fall versprochen, daß ich Sie mitnehme. Und zwanzigtausend Pfund stehen in Aussicht, falls ich Sie nicht zurückbringe."

Bald nachdem *Herbert Asquith* im Jahre 1905 Schatzkanzler geworden war, starb ein hoher Beamter des Ministeriums. Sofort nach Bekanntwerden der Todesnachricht erschien ein Postenjäger bei ihm und sagte unverblümt: „Ich möchte die Stelle des Verstorbenen einnehmen." „Das läßt sich machen", meinte Asquith, „soferne der Leichenbestatter einverstanden ist."

In englischen Adelsfamilien erbt der älteste Sohn Titel und Besitz; die jüngeren Brüder gehen leer aus. *Sir Edward Harcourt*, der ein Konservativer war, sagte eines Tages zu seinem jüngeren Bruder William, der den Liberalen angehörte und sehr progressive Ansichten vertrat: „Ich wollte, du würdest deine Ansichten über das Eigentum ändern." „Du hast das Eigentum", erwiderte der jüngere Bruder, „laß mir meine Ansichten darüber ..."

Gesetze haben in England ein langes Leben. So wurde erst verhältnismäßig spät die antiquierte Bestimmung abgeschafft, wonach ein Witwer nicht die Schwester seiner verstorbenen Frau heiraten durfte. Als *Lord Courtney* in einer Versammlung für die Abschaffung plädierte, wurde er von einem Zuhörer gefragt: „Würden Sie die Schwester Ihrer Frau heiraten, wenn sie stirbt?" „Ist Ihre Frau hier?" fragte Lord Courtney zurück und sagte, als der Zwischenrufer verneinte: „Meine schon!"

Im Jahre 1900 wurde *Winston Churchill* in das Unterhaus gewählt; eine politische Karriere, die rund fünfzig Jahre währen sollte, hatte begonnen. Bald nach Churchills Jungfernrede sagte *Arthur Balfour:* „Ich habe Winston immer für einen vielversprechenden jungen Mann gehalten. Ich fürchte, er ist aber nur ein junger Mann, der viel verspricht."

Churchill seinerseits suchte bei dem älteren Politiker Rat und fragte ihn, ob er sich auf seine Reden lange vorbereite. „Überhaupt nicht", antwortete Balfour. „Ich sage, was mir in den Sinn kommt, und am Ende des ersten grammatikalisch richtigen Satzes setze ich mich hin."

Balfour, der im Jahre 1902 Premierminister wurde, war ein Virtuose des Understatements. Nachdem im Kabinett einmal lange über die allfällige Novellierung eines Gesetzes diskutiert worden war, schloß Balfour die Debatte mit den Worten: „Es ist besser, etwas Dummes zu machen, das schon gemacht wurde, als etwas Gescheites, das noch nie gemacht wurde."

Eine Zeitung hatte Balfour ungewöhnlich scharf angegriffen. Der Premierminister nahm die Attacke gelassen hin und meinte: „Ein chinesischer Weiser würde in einem solchen Falle sagen: Die Hälfte der Leute, die die Zeitung gekauft haben, hat den Artikel nicht gesehen. Die Hälfte derer, die ihn gesehen haben, haben ihn nicht gelesen. Die Hälfte derer, die ihn gelesen haben, haben ihn nicht verstanden. Die Hälfte derer, die ihn verstanden haben, haben ihn nicht geglaubt. Die Hälfte derer, die ihn geglaubt haben, sind Leute ohne Bedeutung. Also . . .“

Eine merkwürdige Eigenschaft Balfours war seine ausgesprochene Amerikanophobie. Während eines Besuches in New York zeigte man ihm das Woolworth Building, einen der ersten Wolkenkratzer, und erläuterte voll Stolz: „Das Gebäude ist absolut unbrennbar!“ „Unbrennbar?“ sagte Balfour. „Wie schade!“

Einen amerikanischen Gesprächspartner pries man dem Premierminister mit den Worten: „Er ist ein Mann, über dessen Lippen nie ein falsches Wort gekommen ist!“ „Das mag sein“, erwiderte Balfour. „Die Amerikaner reden ja alle durch die Nase.“

Seine Abneigung gegen die amerikanische Lebensart faßte Balfour gerne in folgender Geschichte zusammen: „Ein wohlhabender Amerikaner wollte den Beruf seines dreijährigen Sohnes vorausbestimmen. Er legte vor das Kind eine Banknote, einen Apfel und eine Bibel. Griff der Knabe nach der Banknote, sollte er Bankier, griff er nach dem Apfel, Farmer, und griff er nach der Bibel, Geistlicher werden. Das Kind steckte aber die Banknote ein, begann den Apfel zu essen und in der Bibel zu blättern. Darauf beschloß der Amerikaner“, so beendete Balfour seine Geschichte, „seinen Sohn Politiker werden zu lassen.“

Balfour war eine Ausnahme; die Beziehungen zwischen England und Amerika waren durchaus herzlich. Als der Prince of Wales, der spätere Edward VII., die Vereinigten Staaten besuchte, wurde er überall so begeistert empfangen, daß ein Begleiter sagte: „Würden Sie hier als Präsident kandidieren, würden Sie gewählt werden.“ „Das“, meinte der Prince of Wales, „wäre eine elegante Art, die verlorene Kolonie zurückzuholen.“

Im amerikanischen Senat wurde damals darüber diskutiert, ob man die Wahl von Eid Smooth aus Utah, der als Mormone Anrecht auf mehrere Frauen hatte, aber nur eine besaß, anerkennen sollte. Smooth zog schließlich in den Senat ein, nachdem ein Senator die Debatte mit den Worten entschieden hatte: „Mir ist lieber ein Polygamist, der nicht polygt, als ein Monogamist, der nicht monogt.“

Die Sitzungen des Senats beginnen seit eh und je mit einer Minute stillen Gedenkens. Als man eines Tages fragte, warum eigentlich am Beginn der Sitzungen nicht gebetet werde, sagte Senator *Henry Wilson* aus Massachussetts: „Wenn wir in diesem Hause das Vaterunser beten würden, würden die Senatoren bei jeder Sitzung mindestens zehn Abänderungsanträge dazu einbringen.“

Und als man den Kaplan des Senates, *Edward Everett Hale*, fragte, ob er für die Senatoren bete, antwortete er: „Nein! Ich schaue mir die Senatoren an und dann bete ich für die Vereinigten Staaten!“

Eine der bedeutendsten Persönlichkeiten des Senats war der alte *Henry Cabot Lodge*, der nachmalige Gegner Präsident Wilsons, der den Beitritt Amerikas zum Völkerbund zu Fall brachte. Als der Senat einmal einen Untersuchungsausschuß einsetzen wollte, sagte er: „Ich halte nichts von solchen Ausschüssen. Sie erinnern mich an den alten Si Hoskins, der bei uns zu Hause die Bisamratten verjagen sollte. Einmal sah ich ihn mit seinem Gewehr dasitzen, als gerade eine große Ratte vorbeilief. Als ich ihm sagte, er solle doch schießen, meinte er: ‚Ich denke nicht daran, ich will doch meinen Job nicht verlieren!'"

Es gibt etwas, was noch schlimmer ist als lange Reden, das sind lange Vorreden. Senator *John Spooner* erzählte begeistert, daß ein Bürgermeister in seiner Heimat die kürzeste Vorrede gehalten habe, die er je gehört habe. Sie bestand aus zwei Sätzen und lautete: „Ich bin aufgefordert worden, Senator Spooner vorzustellen, der zu uns sprechen wird. Das habe ich getan und das wird er jetzt tun."

Die überragende Gestalt der amerikanischen Politik um die Jahrhundertwende war Präsident *Theodore Roosevelt.* Auf einer republikanischen Wahlversammlung wurde er einmal ständig von einem Zwischenrufer unterbrochen, der unentwegt deklamierte: „Mein Großvater war Demokrat, mein Vater war Demokrat, ich war Demokrat." Roosevelt wandte sich schließlich an ihn und fragte: „Wenn ihr Großvater ein Esel und Ihr Vater ein Esel gewesen wären, was wären Sie dann?" „Republikaner!" antwortete der schlagfertige Zwischenrufer.

Am 2. September 1901 hielt Theodore Roosevelt bei der Eröffnung einer Ausstellung in Minnesota die berühmte Rede, in der er die imperialistische Politik amerikanischer Prägung mit den Worten definierte: „Sprich leise, aber trage einen dicken Stock!"

Es waren Aussprüche wie dieser, die den mexikanischen Präsidenten *Porfirio Diaz* zu dem Seufzer veranlaßten: „Armes Mexiko! So weit von Gott und so nah zu den Vereinigten Staaten!“

Im Zuge seiner Europareise kam Präsident Roosevelt auch nach Wien und wurde in der Hofburg empfangen. Der amerikanische Besucher fragte Kaiser Franz Joseph unverblümt nach dessen Aufgaben und erhielt zur Antwort: „Der Sinn meines Amtes ist es, meine Völker gegen ihre Politiker zu schützen.“

In Deutschland war es eher umgekehrt. Dort hatte Wilhelm II. im Jahre 1890, zwei Jahre nach seiner Thronbesteigung, Reichskanzler Bismarck entlassen und ihm zur Verabschiedung den Titel eines Herzogs von Lauenburg verliehen. „Ausgezeichnet“, grollte Bismarck. „Den Titel verwende ich, wenn ich inkognito reisen will.“

Die selbstherrliche Art des Kaisers wurde bald vielfach kritisiert. Als Wilhelm II. im Jahre 1898 mit großem Gepränge in den Nahen Osten fuhr, brachte der Münchner „Simplicissimus“ unter dem Titel „Palästinafahrt“ ein Gedicht, dessen Verfasser *Frank Wedekind* war, der sich allerdings unter dem Pseudonym „Hieronymus“ verbarg. Die letzten Zeilen des Poems lauteten:

„Der Menschheit Durst nach Taten läßt sich stillen,
Doch nach Bewund'rung ist der Durst enorm.
Der du ihr beide Durste zu erfüllen
Vermagst, sei's in der Tropenuniform,
Sei es in Seemannstracht, im Purpurkleide,
Im Rokokokostüm aus starrer Seide.
Sei es im Jagdrock oder Sportsgewand,
Willkommen, teurer Fürst, im Heil'gen Land!“

Der Verleger des „Simplicissimus“, Albert Langen, der Verfasser des Gedichtes, Frank Wedekind, und Thomas Theodor Heine, der zu dem Gedicht eine Zeichnung beigesteuert hatte, wurden daraufhin von der Polizei gesucht. Was die drei vor sofortiger Verhaftung bewahrte, war der Umstand, daß der „Simplicissimus“ zwar in München redigiert, aber in Leipzig gedruckt wurde, weshalb der dortige Staatsanwalt für die Erhebungen zuständig war. Allerdings durfte er in München nicht unmittelbar amtshandeln, sondern mußte sich der Hilfe der bayrischen Behörden bedienen. Diese wiederum waren von der Einmischung der Preußen und Sachsen in bayrische Belange wenig begeistert und ließen sich mit der Ausforschung des anonymen Verfassers viel Zeit. Als das Ergebnis der Ermittlungen aber nicht länger zu verheimlichen war, ließ der Polizeikommissär von Schwabing den verantwortlichen Redakteur des „Simplicissimus“, Korfiz Holm, kommen und sagte ihm: „Also heit wissen ma noch net, wer das Gedicht gschrieben hat, aber morgen mittag, gell, da werden mas bestimmt scho wissen ...“

Wedekind begab sich daraufhin rechtzeitig in die Schweiz und schrieb bald darauf, abermals unter dem Pseudonym „Hieronymus“ den folgenden Vierzeiler:

„Maulkorb, Maulkorb über alles;
Wenn der Maulkorb richtig sitzt,
Wird man immer schlimmstenfalles
Noch als Hofpoet benützt.“

Wilhelm II. hatte, wenn er wollte, Humor. Nachdem Paul Ehrlich mit dem „Salvarsan“ ein wirksames Mittel gegen die Syphilis entdeckt hatte, meinte der Kaiser: „Wie sollen wir ihn dafür ehren?

Orden hat er schon, Adeliger kann er nicht werden, weil er Jude ist, und zum Hoflieferanten kann ich ihn kaum ernennen."

Der Unruheherd der europäischen Politik war der Balkan. So hatte der bulgarische Politiker *Stefan Stambuloff* als Leibwächter einen pardonierten Banditen, den er vor dem Galgen bewahrt hatte. Zur Einführung in seine Aufgaben hatte er ihm gesagt: „Ich habe dir das Leben geschenkt. Du wirst dafür sorgen, daß ich das meine nicht verliere."

Der mazedonische Politiker *Mihailoff* wurde gefragt, warum er seinen Rivalen Protogeroff ermorden habe lassen. „Einfach deshalb", sagte Mihailoff, „weil ich nicht wollte, daß man Protogeroff eines Tages fragt, warum er mich ermorden ließ."

Die Schüsse, die schließlich am 28. Juli 1914 in Sarajevo fielen, lösten den Ersten Weltkrieg aus. Eine schwere Zeit begann – auch für die Politiker. Die besonderen Probleme der Abgeordneten im Kriege schilderte Aristide Briand mit folgenden Worten: „Wenn der Abgeordnete nicht bei den Wählern ist, fragt man, wo er sich herumtreibt. Ist er bei seinen Wählern, fragt man, warum er in Zivil ist. Ist er in Uniform, fragt man, warum er nicht an der Front ist. Ist er an der Front, fragt man, warum er nicht verwundet ist. Ist er verwundet, fragt man, warum er nicht gefallen ist. Und ist er gefallen, kommen die Beschwerden, daß er die Briefe nicht beantwortet."

Georges Clemenceau, der sich in diesen Zeiten den Beinamen „der Tiger" erwarb, griff immer wieder in militärische Angelegenheiten ein und rechtfertigte sein Vorgehen mit den berühmten Worten: „Der Krieg ist eine viel zu ernste Sache, um ihn den Generälen zu überlassen."

Bei einem seiner Frontbesuche traf Clemenceau seinen Jugendfreund Philippe Marcombes, der als Hauptmannsarzt der Reserve diente. Der Ministerpräsident fragte ihn: „Willst du einen Orden oder soll ich dich befördern?" „Wenn der Krieg nur kurz dauert, möchte ich einen Orden", antwortete Marcombes. „Wenn du glaubst, daß er lange dauert, möchte ich lieber befördert werden." „Gut", sagte Clemenceau, „dann befördere ich dich hiermit zum Majorsarzt. Und du wirst sehen – in diesem Krieg wirst du noch Oberstarzt werden."

Im Jahre 1917 ging Clemenceau vor Verdun im lebhaften Feuer durch die Gräben. „Das sind deutsche Geschosse", warnte ihn ein begleitender Offizier. „Ich weiß es", antwortete ‚der Tiger', „aber ich glaube es nicht."

Ein französischer General heiratete mitten im Kriege. „Der Arme", spottete Clemenceau. „Jetzt hat er an zwei Fronten zu kämpfen!"

In England wurde *Lloyd George* mit der Führung eines eigenen Munitionsministeriums betraut, nachdem sich herausgestellt hatte, daß der Bedarf der Materialschlachten die bisherige Produktion bei weitem überstieg. Der neue Munitionsminister ging so energisch ans Werk und stellte so weitreichende Pläne auf, daß man ein Komitee einsetzte, das seine Vorhaben überprüfen sollte. In der ersten Sitzung dieses Komitees wurden denn auch prompt die Dispositionen Lloyd Georges als unrealisierbar verworfen. Nach den Beratungen sagte der Sekretär zum Minister: „Ich fürchte, das ist das Ende Ihrer Pläne." „Nein", erwiderte Lloyd George, „das ist das Ende des Komitees!"

In Österreich-Ungarn starb im Jahre 1916 der alte Kaiser, und *Karl I.* übernahm die schwere Bürde der Nachfolge. Der junge Monarch war voll guten Willens, doch seine impulsive Art trug ihm bald den Spitznamen „Karl der Plötzliche" ein. Seinen politischen Stil charakterisierte man in Wien mit dem Scherz, wonach er einmal zum Telephon gegriffen und gesagt habe: „Hallo? Ich ernenne Sie zum Finanzminister! Wer dort?"

Julius Deutsch, der von Jugend an der sozialdemokratischen Bewegung angehört hatte und in der Ersten Republik Heeresminister wurde, diente als Reserveoffizier an der Isonzofront. Bei einem Besuch in den Stellungen unterhielt sich Karl, der damals noch Thronfolger war, längere Zeit mit ihm und wurde dabei photographiert. Nachher ließen die Offiziere das Bild mit der Inschrift zirkulieren: „Sozialdemokrat Julius Deutsch empfängt den Thronfolger Erzherzog Karl im Gebiet von Rovereto."

Leo Trotzki hielt sich im Jahre 1917 in New York auf, wo er eine kommunistische Zeitung redigierte. Als die ersten Nachrichten von der russischen Revolution eintrafen, riefen die Journalisten in seiner Redaktion an und fragten: „In Petersburg ist ein Ministerium Gutschkow-Miljukow gebildet worden. Was bedeutet das?" „Das bedeutet", antwortete Trotzki, „daß morgen ein Ministerium Miljukow-Kerenski kommen wird." „Und was kommt dann?" fragten die Journalisten weiter. „Und dann kommen wir!" sagte Trotzki.

Nach dem Sieg der Bolschewiken in Rußland kam das Ende der Mittelmächte. In Bayern ergriff im November 1918 eine Räteregierung die Macht, deren Vorsitzender, *Kurt Eisner*, erklärte: „Die Wittelsbacher haben mehr als siebenhundert Jahre in diesem Lande regiert. Wir haben nur sieben Mann und weniger als sieben Stunden gebraucht, um diese Herrschaft zu beenden."

In Wien besetzte ein Volkswehrbataillon, dem auch *Egon Erwin Kisch* angehörte, die Redaktion der „Neuen Freien Presse". Als Kisch, den seine Freunde einen „unerschrockenen Schriftsteller und liebenswürdigen Revolutionär" nannten, mit vorgehaltener Pistole die Redaktionsräume betrat, fand er dort unter anderem seinen Bruder Dr. Paul Kisch, einen Redakteur des Blattes, vor. Paul räumte angesichts der Revolution seinen Schreibtisch, nicht ohne vorher gerufen zu haben: „Warte nur, Egon, das schreibe ich der Mama nach Prag . . . !"

In Sachsen wurde die Republik zuerst in Chemnitz ausgerufen. In Dresden sprach eine Abordnung des Arbeiter- und Soldatenrats bei Friedrich August vor und verlangte vom König, die Offiziere und Beamten ihres Eides zu entbinden. Der König sagte es zu. Als der Sprecher dankte und erklärte, daß damit alle Befugnisse auf den Arbeiter- und Soldatenrat übergehen, schloß Sachsens letzter König seine letzte Audienz ungnädig mit den Worten: „Macht euch euern Dreck alleene . . ."

KAPITEL IV

Bei uns kommt immer der gleiche

oder

POLITIK ZWISCHEN PUTSCH UND STREIK 1918—1933

Fünftausend Gewehre sind mir lieber als fünfhunderttausend Stimmen.

Benito Mussolini, 1923

Nach dem Ende des großen Krieges versammelten sich die siegreichen Alliierten in Versailles. „Es ist schrecklich", seufzte *Clemenceau*. „Alle wollen etwas: die Engländer, die Italiener, die Serben, die Polen ... nur die Amerikaner wollen nichts, die sind die Schrecklichsten!"

Am 19. Februar 1919 wurde Georges Clemenceau von dem Anarchisten Cottin durch einen Schuß in die Schulter verwundet. Seinem herbeieilenden Sekretär sagte „der Tiger": „Das ist das Ereignis, das mir noch gefehlt hat. Ich bin noch nie ermordet worden!"

Im Jahre 1917, nach dem Erhalt der Vierzehn Punkte des amerikanischen Präsidenten Woodrow Wilson, hatte Clemenceau erklärt: „Gott gab uns die Zehn Gebote. Wir haben sie gebrochen. Wilson gab uns die Vierzehn Punkte. Wir werden sehen ..."

Nun, während der Konferenz von Versailles, fiel Clemenceau die Aufgabe zu, den amerikanischen Präsidenten in einer Tischrede zu preisen. Er sagte unter besonderer Betonung der Worte Einfachheit und Treuherzigkeit: „Woodrow Wilson ist ein Mann, der durch die Einfachheit seiner Rede und die edle Treuherzigkeit seines Geistes unsere Achtung verdient." Worauf sich Aristide Briand zu seinem Tischnachbarn beugte und sagte: „Das ist die vollendetste Schilderung eines Trottels, die ich je gehört habe."

Italien war in Versailles durch Vittorio Orlando und Sidney Sonnino vertreten. Der italienische Politiker *Luigi Luzzatti* sagte über die beiden: „Orlando spricht in Versailles in allen Sprachen, die er nicht kann, und Sonnino schweigt in allen Sprachen, die er beherrscht."

Sonnino, dessen Mutter aus Schottland stammte, sprach vor allem ausgezeichnet Englisch, lehnte es aber trotzdem ab, in Versailles Reden in englischer Sprache zu halten. „Eine Sprache, die man nicht vollkommen beherrscht", sagte er dazu, „ist wie eine Straßenbahn. Sie bringt einen zwar in die Nähe der Wohnung, aber nicht direkt vor die Tür."

Vor einer Rede wurde Sonnino von einem Journalisten gefragt: „Denken Sie jetzt darüber nach, was Sie sagen sollen?" „Nein", antwortete der italienische Außenminister, „ich denke darüber nach, was ich alles nicht sagen soll!"

Polen war in Versailles durch Ignaz Paderewski vertreten. Clemenceau sagte zu ihm: „Sie waren ein angesehener Pianist! Wie konnten Sie sich zum Staatspräsidenten wählen lassen? Das ist doch ein Abstieg!"

Die Tschechoslowakei vertrat Thomas Masaryk, den man mit Recht den Vater des jungen Staates nennen konnte. Über die Probleme seines Landes gab er sich keinen Illusionen hin. „In der Tschechoslowakei", sagte er, „sind die Tschechen Tschechen und die Slowaken Slowaken. Tschechoslowaken sind nur die Juden."

Woodrow Wilson verließ krank und verbittert die Konferenz von Versailles. Die europäischen Verbündeten verstanden ihn nicht, und die amerikanische Öffentlichkeit unterstützte ihn nicht. Im Senat formierte sich eine isolationistische Mehrheit, die schließlich den Beitritt Amerikas zum Völkerbund zu Fall und damit Wilsons Politik zum Zusammenbruch brachte. Diese Schicksalsschläge hatten den Präsidenten so schwer getroffen, daß sich seine Krankheit verschlimmerte und in Washington das Gerücht umging, er schwebe zwischen Leben und Tod. Einer seiner erbittertsten Gegner, der republikanische Senator Albert Fall, stattete ihm daraufhin einen Besuch ab und versicherte ihm: „Wir alle beten für Sie, Herr Präsident!“ Mißtrauisch fragte Wilson: „In welche Richtung?“

Europa blieb sich selbst überlassen. Im Herzen des Kontinents lag Österreich, jener Staat, der laut Clenmceau das war, was von der großen Donaumonarchie „übriggeblieben war“. Verständlich, daß die Bewohner dieses kleinen Staates nicht an dessen Lebensfähigkeit glaubten und ihr Heil im Anschluß an das benachbarte Deutschland suchten. So ergab eine Abstimmung, die in Salzburg organisiert wurde, 85.406 Stimmen für und nur 745 Stimmen gegen den Zusammenschluß mit dem Nachbarland. Da sich aber die Alliierten strikte gegen jede Art von Anschluß aussprachen, erschienen im Witzblatt „Götz“ die melancholischen Zeilen:

„Was hilft's, wenn Optimisten
Vom Anschluß träumen?
Stets waren wir Spezialisten
Im Anschlußversäumen.“

Österreich litt aber nicht nur darunter, daß es wirtschaftlich nicht lebensfähig war. Das kleine Land wurde von politischen Auseinandersetzungen erschüttert, die ihren Ausdruck u. a. in lebhaften Polemiken der Parteiblätter fanden. Einer der Konfliktstoffe war die Schulreform des Sozialdemokraten Otto Glöckel. Ihre sittenverderbenden Folgen schilderte „Der Morgen“, eine Zeitung, die den Christlichsozialen nahestand, mit folgender Geschichte: „In der ‚Glöckelschule‘ stellt in der Deutschstunde die Lehrerin die Frage: ‚Wer weiß, wer das bekannte Wort ›Nun sei bedankt, du lieber Schwan‹ gesprochen hat?‘ Schülerin: ‚Bitte, die Leda‘.“

„Die Leuchtrakete“, ein satirisches Wochenblatt, das den Sozialdemokraten nahestand, schoß zurück. Sie verketzerte die Dorfschule alter Prägung mit folgende Geschichte: Ein Fremder fragt in einem kleinen Ort einen Schulbuben: „Kannst du schon schreiben?“ – „Na!“ – „Aber lesen kannst du schon?“ – „Na!“ – „Und Rechnen?“ – „A net!“ – „Ja, was hast du denn bisher gelernt?“ – „Ministrieren!“

Je mehr die Politiker einander befehdeten, desto geringer war ihr Ansehen in der Öffentlichkeit. Als der sozialdemokratische Staatskanzler Dr. Karl Renner, der Begründer der österreichischen Republik, im Jahre 1920 zurücktrat, widmete ihm das christlichsoziale Witzblatt „Kikeriki“ folgenden Abschiedsbrief: „Aus Anlaß Ihres Rücktrittes drängt es mich zu einer feierlichen Danksagung für die treuen Dienste, die sie als unfreiwilliger Mitarbeiter meinem Witzblatte geleistet haben. Wenn die Zeiten noch so stier, der Stoff noch so knapp war, ein Blick auf ihre neueste Regierungshandlung genügte, und die gesuchte Dummheit war gefunden, die Nummer gerettet.“

Leopold Hainisch, dem ersten Bundespräsidenten Österreichs, erging es nicht besser. Dem biederen Professor der Nationalökonomie liberaler Prägung unterschob die Wochenzeitschrift „Götz" folgendes Tagesprogramm: „Der Bundespräsident wohnte gestern dem einjährigen Bestandsjubiläum des Oberhollabrunner Kegelklubs bei, eröffnete sodann in feierlicher Weise die neue Wasserrutschbahn in Krumpendorf, besichtigte in Allentsteig den dortselbst gefundenen Riesensteinpilz und stattete dem kürzlich von einem tollwutverdächtigen Maulwurf gebissenen Nationalrat Hinterstoisser im Bludenzer Spital einen Besuch ab."

Dabei hatte Österreich Politiker von wirklichem Format. Einer von ihnen war *Ignaz Seipel,* Prälat, Professor der Moraltheologie an der Wiener Universität, Vorsitzender der Christlichsozialen Partei und zweimaliger Bundeskanzler. Als man ihn einmal fragte, wie er die Erfordernisse eines Politikers mit den Ansprüchen eines Professors der Moraltheologie vereinen könne, meinte er: „Erstens sage ich weder in der Politik noch in meinen Vorlesungen alles, was ich weiß, und zweitens gibt es so vieles, was wir alle miteinander nicht wissen . . ."

Besonders heftig tobte der Streit um das österreichische Heer. Es war zunächst von dem Sozialdemokraten Julius Deutsch geleitet worden, den der christlichsoziale Heeresminister Carl Vaugoin ablöste. Vaugoin, ein Reserveoffizier aus dem kleinen niederösterreichischen Städtchen Scheibbs, der im Ersten Weltkrieg beim Train gedient hatte, war das Ziel ständiger Angriffe der Sozialdemokraten, die ihm vorwarfen, aus dem Bundesheer eine christlichsoziale Parteiarmee zu machen. Immerhin hatte man damals noch Humor, was das Gedicht beweist, das ihm die „Arbeiter-Zeitung" unter dem Titel „Vaugoins Kriegslied oder der Mussolini von Scheibbs" widmete:

„Hoch zu Roß mit Schwert und Tschako
Zieh ich aus zum Kampf, per Bacco,
Wie der Duce von Italia,
Denn es naht der Tag der Wahl ja.

Nicht im Land der Makkaroni,
Sondern an der Donau wohn i,
Trink nicht feurigen Chianti,
Bin doch auf die Sozi granti!

Stamm ich auch nicht aus Milano
Mach ich's doch und besser a no
Wie der große Mussolini
Ich der Carlo Vaugoini.

Saß einst auf dem Bock der Kutsche,
Mach jetzt wie der Duce Putsche;
Wenn ich noch a bissel warte,
Bring ich es zum Bonaparte!"

Der Faschismus war damals bereits eine Realität; den Nationalsozialismus nahm vorläufig noch niemand ernst. So veröffentlichte der „Götz" im Jahre 1924 folgende Scherzfrage: „Was ist für ein Unterschied zwischen der Wüste Sahara und der Nationalsozialistischen Partei? – In der Wüste Sahara werden Kamele von Menschen geführt und in der Nationalsozialistischen Partei – sind lauter Minderjährige."

Auch den Faschismus hatte man anfänglich nicht ernst genommen. Im Jahre 1919 schrieb der bekannte italienische Journalist *Leo Longanesi:* „Benito Mussolini ist gegen Wilson, gegen die Friedenskonferenz, gegen England, gegen die Regierung, gegen die Bourgeoisie, gegen die Priester, gegen die Monarchie. Im Lande ist man einigermaßen ratlos. Ist das nicht ein bißchen viel für einen einzigen Mann?"

Es war, wie sich zeigen sollte, offensichtlich nicht zuviel für einen einzigen Mann. Im Jahre 1922 marschierte Mussolini an der Spitze seiner Schwarzhemden nach Rom und ergriff die Macht. Die Demokratie wurde ausgeschaltet, die alten Parteien wurden verboten, der Faschismus war die einzige erlaubte politische Bewegung. Bald nach dem Marsch auf Rom erschien ein faschistischer Parteisekretär in einer großen Fabrik Norditaliens und erkundigte sich nach der politischen Zugehörigkeit der Arbeiter. Der Werkdirektor erklärte ihm: „Etwa ein Drittel sind Sozialdemokraten, ein Drittel Kommunisten und das restliche Drittel gehört verschiedenen kleineren Parteien an." „Was?" fragte der Parteisekretär entrüstet. „Und Faschisten gibt es gar keine in diesem Betrieb?" „Ah", sagte der Direktor, „Faschisten sind wir natürlich alle!"

Mussolini war in den Anfängen seiner Herrschaft bei den Massen sehr beliebt und außerdem ständig von Schmeichlern umgeben, die seiner Größe huldigten. Es gab allerdings Ausnahmen. Ein alter Botschafter, der Italien beim Völkerbund in Genf vertrat, war nach Rom einberufen worden, um über die Abrüstungskonferenz zu berichten. Er betrat das riesige Arbeitszimmer des Regierungschefs, der aktenlesend an seinem Schreibtisch saß. Mussolini ließ den Besucher lange Minuten wartend stehen, dann blickte er endlich auf und fragte unvermittelt: „Was ist derzeit das gefährlichste Giftgas?" Gelassen antwortete der alte Diplomat: „Noch immer der Weihrauch, Exzellenz!"

In Deutschland war die junge Republik vom ersten Tage an von Krisen bedroht. Als bald nach dem Kapp-Putsch des Jahres 1920 neuerlich Gerüchte über einen Staatsstreich der Rechten umgingen, ließ die Regierung den neuen Chef der Heeresleitung, *General von Seeckt*, kommen und stellte ihm die Frage: „Wird die Reichswehr putschen?“ Seeckt antwortete: „Die Reichswehr bin ich. Und ich putsche nicht!“

Für alle linken Kräfte im Lande waren Seeckt und die Reichswehr ein Symbol der Reaktion. Als daher der General schließlich zurücktreten mußte, sagte ein sozialdemokratischer Regierungspräsident hocherfreut zum örtlichen Wehrkreisbefehlshaber: „So, jetzt kommt endlich ein anderer!“ „Irrtum“, erwiderte der General. „Bei uns kommt immer der gleiche!“

Kurt Tucholsky machte sich einen Reim auf diese Zustände; er lautete: „Republiken oder Kaiserreiche – ’s ist immer das gleiche, immer das gleiche!“

Der politische Kampf wurde an vielen Fronten ausgetragen; auch auf der Bühne. In dem Stück „Giftgas über Berlin“ sollten General Seeckt und General Schleicher, genannt die „feldgraue Eminenz“, als handelnde Personen auftreten. Der Polizeipräsident verbot die Aufführung mit der Begründung, es werde zu Demonstrationen kommen. Daraufhin konstituierte sich eine „Vereinigung gegen die Wiedereinführung der Zensur“, der u. a. Albert Einstein, Heinrich Mann, Lion Feuchtwanger und Bert Brecht angehörten. Bei der ersten Sitzung schlug Monty Jacobs, der Kritiker der „Vossischen Zeitung“, vor, zunächst einmal den literarischen Wert des Stükkes zu untersuchen, für das man sich einsetze. „Das möchte Ihnen so passen“, wies ihn *Bert Brecht* zurecht, „hier ein literarisches Kaffeekränzchen zu veranstalten. Wir kämpfen bedingungslos gegen jede

Zensur, auch wenn sie das ‚Dreimäderlhaus‘ verbietet!“

Der „Simplicissimus“, der im Kaiserreich die Obrigkeit bekämpft hatte, war nun der getreue Chronist der republikanischen Fehden. Einer seiner bedeutendsten Mitarbeiter war *Karl Arnold,* dessen Karikaturen sich durch besonders zarte Linienführung auszeichneten. „Warum zeichnen Sie mit so zartem Strich?“ fragte man ihn eines Tages. „Damit die Feder spitz bleibt!“ antwortete Arnold.

Ernst von Salomon, Freiheitskämpfer im Baltikum, Teilnehmer am Kapp-Putsch, war nach Schleswig-Holstein gezogen, wo er in der sogenannten „Landvolk“-Bewegung tätig war. Er wurde mit einigen Kameraden im Zusammenhang mit Bombenattentaten verhaftet und kam in das Gefängnis nach Moabit. Dort ließen die Häftlinge allabendlich nach der Melodie des Liedes „Ich schoß den Hirsch im wilden Forst ...“ den folgenden Gesang erschallen:

„Ich leg' die Bomb' im Landratsamt,
Im Reichstag Dynamit,
Fürs Bauernvolk bin ich entflammt
Und singe stolz mein Lied:
Der Hugenberg gab mir das Geld,
Der Hitler das Gewehr,
Der Erhardt hat den Dolch gestellt,
Und Ludendorff den Speer!
Kein Ort, der Schutz gewähren kann,
Wo meine Bombe fliegt,
Und dennoch hat mich starken Mann
Der Severing besiegt!“

Diesseits und jenseits der Grenzen Deutschlands war man bemüht, die Demokratie der jungen Republik zu stärken und das Land wieder gleichberechtigt in der Völkerfamilie zu machen. Die Wegbereiter dieser Politik waren Aristide Briand und Gustav Stresemann. Briand war ein beredter Anwalt der Versöhnung. „Ich halte nichts von Stierkämpfen", sagte er einmal. „Man gebe mir ein Bündel Heu, lasse mich in die Arena, und nach einer Viertelstunde werde ich mit dem Stier Frieden geschlossen haben."

Die Aussöhnung zwischen Frankreich und Deutschland sollte Bestandteil eines umfassenden Systems der kollektiven Sicherheit sein. Dieser Gedanke stieß nicht überall auf Verständnis. In einer Debatte vor dem Völkerbund sagte der kanadische Delegierte dazu: „Das System kollektiver Sicherheit kommt mir vor wie eine gemeinsame Feuerversicherungspolizze. Ich darf aber darauf aufmerksam machen, daß wir Kanadier in einem absolut feuersicheren Haus und noch dazu weit entfernt von jedem denkbaren Brandherd wohnen."

Briand hatte es nicht leicht; vor allem in Frankreich selbst, wo die alte Garde der Politiker mit dem Staatspräsidenten Poincaré viel von Revanche und wenig von Versöhnung hielt. Clemenceau sagte einmal über die beiden großen Gegenspieler: „Poincaré weiß alles und versteht nichts, Briand weiß nichts und versteht alles."

Differenzierter urteilte der Politiker und Diplomat *Henry de Jouvenel*. „Poincaré und Briand", meinte er, „machen im Grunde die gleiche Politik. Der einzige Unterschied ist: Poincaré sagt immer ‚Nein, weil . . .' und Briand sagt immer ‚Ja, aber . . .'"

Poincaré blieb bis zum Jahre 1920 Präsident der Republik. In einer der letzten Kabinettssitzungen, an der er teilnahm, ging ihm das Temperament durch, und er gebrauchte das berühmte Wort des Generals Cambronne: „Merde". Ein Augenblick betretenen Schweigens, und dann sagte ein Kabinettsmitglied: „Herr Präsident, in Ihrem Munde ist das ein Zitat!"

Ein neues Gesicht in der französischen Politik war der Radikalsozialist *Edouard Herriot*, der 1919 Abgeordneter und fünf Jahre später bereits Ministerpräsident wurde. Herriot war Atheist, der die Katholiken des Landes gegen sich aufbrachte, als er die französische Botschaft beim Vatikan schloß. Seinen Atheismus verteidigte er einmal im Scherz mit den Worten: „Warum soll ich nicht an Gott zweifeln dürfen? Die katholische Kirche gibt uns selbst ein Beispiel des Zweifels. Oder ist es ein Zufall, daß die Hirtenstäbe der Bischöfe in einem Fragezeichen enden?"

Herriot war ein Mann von überragendem Intellekt. Als ihm jemand einmal wegen seiner Klugheit ein Kompliment machte, sagte er: „Danke schön. Von allen Lastern, die ich kenne, ist die Klugheit noch immer das erträglichste."

In der Kammer verteidigte Herriot eines Tages eine Regierungsvorlage mit Hilfe umfangreichen Zahlenmaterials. Als ein Sprecher der Opposition leise Zweifel an der Richtigkeit dieser Zahlen äußerte, antwortete ihm Herriot: „Die Statistik ist eine sehr gefällige Dame. Nähert man sich ihr mit entsprechender Höflichkeit, dann verweigert sie einem fast nie etwas."

Es war ein Verdienst Herriots, die Bemühungen um eine deutsch-französische Verständigung fortgesetzt zu haben. Von doktrinärer Politik hielt er wenig. Er machte sich über sie einmal mit den Worten lustig: „Ideologen haben den Vorteil, daß sie einem ersparen, Ideen haben zu müssen."

Eine der bekanntesten Erscheinungen des parlamentarischen Lebens der Nachkriegszeit in Frankreich war der Sozialist *Pierre Renaudel*, der ursprünglich das Metier des Tierarztes erlernt, diesen Beruf aber nie ausgeübt hatte. Ein junger Abgeordneter der äußersten Rechten fragte ihn eines Tages spöttisch: „Stimmt es, daß Sie eigentlich Tierarzt sind?" „Warum?" fragte Renaudel zurück. „Fühlen Sie sich krank?"

In Belgien verheiratete *König Albert I.* nach dem Kriege seine Tochter Maria José mit dem Prinzen von Piemont. Bei der Hochzeit waren u. a. Ex-König Manuel von Portugal, Ex-König Georg von Griechenland und Ex-König Amanullah von Afghanistan anwesend. König Albert meinte dazu: „Die Arbeitslosenrate im königlichen Beruf ist wirklich erschrekkend hoch!"

König Albert war ein sehr fortschrittlicher Mann. Als man im belgischen Kabinett über die belgischen Konzessionen in China beriet, verlas Außenminister Vandervelde einen Brief, der ihre sofortige und völlige Aufgabe vorschlug. Nachdem er geendet hatte, fragte ein Kabinettsmitglied: „Welcher Kommunist hat denn diesen Brief geschrieben?" „Der Kommunist", antwortete Vandervelde, „ist Seine Majestät der König."

Die wirtschaftlichen und sozialen Unruhen im Gefolge des Weltkrieges suchten Sieger und Besiegte gleichermaßen heim. In England kam es im Jahre 1926 zum Generalstreik, der das ganze Land lahmlegte. Winston Churchill, der damals gerade Innenminister war, griff mit gewohnter Tatkraft ein. Er zog Militär heran, um die Versorgung der Bevölkerung zu sichern, und ließ, da auch die Zeitungen von dem Streik betroffen waren, ein eigenes Mitteilungsblatt drucken, mit dessen Hilfe er die Öffentlichkeit über die Maßnahmen der Regierung informierte. Nachdem der Generalstreik beendet war, warf die Opposition dem Minister im Unterhaus vor, er habe sich nicht neutral verhalten. Churchill antwortete: „Wenn ich zwischen dem Feuer und der Feuerwehr zu wählen habe, kenne ich keine Neutralität."

In Amerika hatten im Jahre 1920 die Republikaner die Demokraten besiegt; *Calvin Coolidge* zog nach dem Tode von Präsident Harding in das Weiße Haus ein und mit ihm das Schlagwort von der „Rückkehr zur Normalität". Coolidge war ein ungewöhnlich wortkarger Mann. Bei einem Diner im Weißen Haus sagte seine Tischnachbarin zu ihm: „Herr Präsident, ich habe gewettet, daß Sie heute abend mehr als drei Worte mit mir sprechen werden." „Sie haben verloren", sagte Coolidge.

Seine Wortkargheit verteidigte Coolidge gerne mit der Geschichte vom Farmer, der nach einer Wahlversammlung von seiner Frau gefragt wird: „Wie lange hat der Redner gesprochen?" – „Zwei Stunden." – „Und worüber hat er gesprochen?" – „Das hat er nicht gesagt!"

Coolidge war wortkarg, aber nicht ohne Humor. Als er noch Gouverneur von Massachussetts war, bewirtete er eines Tages einen bekannten Wanderprediger. Frau Coolidge hatte ein besonders gutes Essen zubereitet, doch der Gast lehnte mit den Worten ab: „Nein, danke, vor einer Predigt nehme ich nichts zu mir, das würde meine Rhetorik beeinträchtigen.“ Verärgert über diese Ablehnung, blieb Frau Coolidge zu Hause, fragte aber nach der Predigt neugierig ihren Mann: „Nun, wie hat er gesprochen?“ „Er hätte ruhig essen können“, meinte Coolidge.

In der amerikanischen Politik ging es oft recht rauh zu. Ein Besucher beschwerte sich einmal bei Präsident Coolidge: „Sie haben diesmal auf der Kandidatenliste der Republikanischen Partei den Namen eines ausgesprochenen Lumpen.“ „Es gibt viele Lumpen im Lande“, sagte Coolidge. „Warum sollen sie nicht einen Vertreter im Senat haben?“

Und *„Uncle Joe“ Cannon,* der langjährige Sprecher des Repräsentantenhauses, der so populär war, daß ihn das „Time“-Magazin für sein erstes Titelbild wählte, meinte einmal: „Es kommt in der Politik immer wieder vor, daß man sich mit einem Stinktier duellieren muß. Es ist nur unklug, dem Stinktier die Wahl der Waffe zu überlassen.“

Auf Calvin Coolidge folgte im Jahre 1928 *Herbert Hoover,* der im Wahlkampf „Frieden und Wohlstand“ versprochen hatte. Hoover, ein gelernter Bergwerksingenieur, war vor allem ein Mann der Wirtschaft, der dem Alltag der Politik mit Mißtrauen gegenüberstand. Bald nach seinem Amtsantritt sagte er im vertrauten Kreis: „Es würde das Amt des Präsidenten sehr erleichtern, wenn er jährlich zwei Personen ohne Verfahren und Angabe von Gründen öffentlich aufhängen lassen könnte!" „Wären zwei Personen nicht zu wenig?" fragte ein Sekretär. „Nein", antwortete der Präsident. „Ich würde jeweils rechtzeitig vorher die Namen aller bekanntgeben, die in die engere Wahl gezogen werden."

Hoover hatte Frieden und Wohlstand versprochen, doch auf den großen New Yorker Börsenkrach des Jahres 1929 folgte eine weltweite Wirtschaftskrise, die Massenarbeitslosigkeit brachte. Nicht ein Politiker, sondern ein Physiker, Albert Einstein, sprach den treffendsten Kommentar zur Situation. „Ein leerer Magen", sagte er, „ist ein schlechter politischer Ratgeber."

Das sollte sich bald zeigen. In Deutschland eilten die Nationalsozialisten von Erfolg zu Erfolg. *Adolf Hitler*, der noch immer die österreichische Staatsbürgerschaft besaß, wurde am 26. Februar 1932 durch Ernennung zum Beamten der Landesregierung von Braunschweig automatisch deutscher Staatsbürger. Als man ihm dazu gratulierte, sagte er: „Gratulieren Sie nicht mir. Gratulieren Sie Deutschland . . . !"

Der amerikanische Journalist Knickerbocker fragte in diesen Tagen ein prominentes Mitglied der nationalsozialistischen Parteileitung: „Was werdet ihr tun, wenn ihr die Macht in Händen habt?" Die Antwort bestand aus einem Wort: „Festhalten!"

Aber die Gefahr des Nationalsozialismus wurde bis zuletzt unterschätzt. *Harold Laski*, der berühmte Leiter der London School of Economics, schrieb am 21. November 1931 im „Daily Herald": „Wenn nicht ein besonderer Zufall eintritt, wird Hitler sehr wahrscheinlich seine Laufbahn als alter Mann in irgendeinem bayrischen Dorf beenden, wo er dann abends im Biergarten seinen Freunden erzählt, wie er einmal beinahe das Deutsche Reich auf den Kopf gestellt habe. Er wird seltsame Schlachtschreie ausstoßen und eine Reihe von Namen nennen, die vor dem seinigen gezittert hätten. Aber seine Nachbarn werden die Geschichte schon so oft gehört haben, daß sie mit den Schultern zucken und ihre Gesichter tiefer in die Maßkrüge stecken, um ihr Lächeln zu verbergen. Laßt den alten Mann ruhig spinnen, werden sie sagen, es ist so tröstlich, in der Erinnerung an eine Illusion zu leben."

Und als *Geneviève Tabouis*, die bekannte französische Journalistin, im Spätherbst 1932 Berlin besuchte, schrieb sie nachher in ihrem Blatt: „Auf der französischen Botschaft hat man mir gesagt, Hitler gleiche einem jener Verrückten im Irrenhaus, die behaupten, Alexander der Große, Napoleon oder der Kaiser von China zu sein ..."

Engländer und Franzosen befanden sich mit ihren Fehleinschätzungen in guter Gesellschaft. Der ansonsten so scharfzüngige und scharfsichtige „Simplicissimus" veröffentlichte in seiner Neujahrsnummer 1933, wenige Tage vor der Machtergreifung Hitlers, das folgende Gedicht:

„Geht mit euren Horoskopen,
denn ihr prophezeiet schlecht!
Pessimisten, Misanthropen
haben leider meistens recht.
Eins nur läßt sich sicher sagen,
und das freut uns rundherum:
Hitler geht es an den Kragen.
Dieses ‚Führers' Zeit ist um!"

KAPITEL V

Zu fürchten haben wir nur die Furcht

oder

DEMOKRATEN UND DIKTATOREN

1933—1945

Wenn du im Recht bist, kannst du dir leisten, die Ruhe zu bewahren, und wenn du im Unrecht bist, kannst du dir nicht leisten, sie zu verlieren.

Mahatma Gandhi, 1936

Am Beginn des Jahres 1933, zur gleichen Zeit, in der in Deutschland Adolf Hitler an die Macht kam, trat *Franklin Delano Roosevelt* sein Amt an. Die ungeheure Aufgabe, die Wirtschaftskrise zu bekämpfen und die Massenarbeitslosigkeit zu beseitigen, nahm er mit Tatkraft in Angriff. „Das einzige, was wir zu fürchten haben", erklärte er in seiner Antrittsrede, „ist die Furcht!"

Roosevelt, der aus einer angesehenen und wohlhabenden Familie stammte, hatte dem „vergessenen kleinen Mann am untersten Ende der volkswirtschaftlichen Pyramide" einen „New Deal", eine neue und gerechtere Ordnung versprochen. Der Präsident nahm gelassen hin, daß seine sozialen Reformen auf wenig Verständnis bei seinen eigenen Standesgenossen stießen. „Meine Politik", erklärte er, „führt dazu, daß ich ständig alte Freunde verliere und dafür ständig neue Freunde gewinne."

Francis Maynard Keynes, der angesehene Nationalökonom, hatte geraten, „die Pferde saufen zu lassen", das heißt die Wirtschaft durch ein großzügiges Arbeitsbeschaffungsprogramm anzukurbeln. Roosevelt folgte diesem Rat, förderte die öffentlichen Investitionen und erhöhte damit die Staatsverschuldung, was weithin auf Kritik stieß. *Andrew Mellon,* der einflußreiche Bankier aus Philadelphia, der bereits unter mehreren Präsidenten als Finanzminister gedient hatte, kam dem Präsidenten zu Hilfe. „Eine Nation", sagte er, „ist nicht in finanziellen Schwierigkeiten, bloß weil sie sich selber Geld schuldet."

Die Republikaner vermochten die Niederlage, die ihnen Roosevelt zugefügt hatte, nicht zu verwinden und setzten seinen Reformen im Kongreß Widerstand entgegen. Nach einem besonders erbitterten Kampf um eine Gesetzesvorlage fragte man den Präsidenten: „Beneiden Sie nicht Mussolini und Hitler, die mit unbeschränkten Vollmachten regieren können?“ „Um Himmels willen, nein“, antwortete Roosevelt. „Regieren ohne Opposition wäre doch sehr langweilig.“

Langweilig war das Regieren unter Roosevelt nie. Dafür sorgte nicht nur er, sondern auch seine Mitarbeiter. So kam es einmal zwischen dem Finanzminister Henry Morgenthau und dessen Budgetdirektor Harold Smith zu einer lautstarken Auseinandersetzung über die voraussichtliche Entwicklung der Staatseinnahmen. Roosevelt beendete den Streit, indem er erklärte: „Wir werden jetzt den Finanzminister und den Budgetdirektor zusammen in ein Zimmer sperren. Den Überlebenden lassen wir heraus!“

Roosevelt war der erste westliche Staatsmann, der sich des Rundfunks bediente und dieses Mittel der politischen Information virtuos beherrschte. Aber während er in seinen berühmten „Kamingesprächen“ als Staatsmann zur ganzen Nation sprach, waren seine Versammlungsreden oft von bemerkenswerter politischer Schärfe. Als die Republikaner im Jahre 1936 mit einem sehr widersprüchlichen Programm gegen ihn antraten, sagte Roosevelt in einer seiner Wahlreden: „Es war einmal ein Chamäleon, das wurde braun, wenn man es auf eine braune Decke setzte, und rot, wenn man es auf eine rote Decke setzte. Leider starb diese arme Chamäleon einen tragischen Tod, als man es schließlich auf eine schottisch karierte Decke setzte. An dieses Chamäleon“, so schloß der Präsident, „erinnert mich die Republikanische Partei mit ihrem Programm.“

Neu war nicht nur, daß Roosevelt regelmäßig und ausführlich über den Rundfunk zur Nation sprach. Neu war auch, daß er der erste Präsident war, dessen Frau eine aktive und eigenständige Rolle in der Politik spielte. *Eleanor Roosevelt* schrieb eine wöchentliche Zeitungsrubrik, trat für die Rechte der Minderheiten ein, förderte soziale Einrichtungen und reiste unermüdlich im ganzen Land umher. Überflüssig zu sagen, daß diese lebhafte Aktivität auf viel Kritik in der Öffentlichkeit stieß. Einmal fragte Roosevelt beim Mittagessen im Weißen Haus: „Wo ist denn meine Frau?" Der Sekretär antwortete: „Sie ist im Gefängnis von Baltimore." „Wundert mich nicht", sagte der Präsident. „Was hat sie denn angestellt?"

Für „Ebony", das Magazin der farbigen Bevölkerung, hatte Eleanor Roosevelt einen Artikel unter dem Titel „Wenn ich ein Neger wäre" geschrieben. Nachher erzählte sie darüber: „Ich schrieb in diesem Artikel: ‚Wenn ich ein Neger wäre, würde ich sehr enttäuscht sein.' Dieser Satz ist von vielen Zeitungen in den Nordstaaten nachgedruckt worden. Ich schrieb aber auch: ‚Wenn ich ein Neger wäre, würde ich sehr geduldig sein.' Dieser Satz ist von fast allen Zeitungen in den Südstaaten nachgedruckt worden."

Die Frau des Präsident nahm die Kritik, die allenthalben an ihr geübt wurde, gelassen hin. „Ich weiß", schrieb sie in einem Artikel für die „Saturday Evening Post", „daß ich keine Intellektuelle bin. In einer soeben erschienenen Dissertation wird festgestellt, daß man mindestens vier Semester an einer Universität studiert haben muß, um einen Walter Lippman zu verstehen. Die gleiche Dissertation stellt dann fest, daß zur Lektüre meiner Artikel die Schulbildung eines Zehnjährigen genügt."

Frauen in der Politik waren damals selbst in Amerika noch rar. Die erste weibliche Abgeordnete der Demokratischen Partei war *Mary Teresa Norton,* eine ebenso gewichtige wie schlagfertige Person aus New Jersey. Als sie im Kongreß einmal ihre Ansichten mit besonderem Nachdruck vertrat, versuchte sie ein Abgeordneter mit den Worten zu besänftigen: „Aber, meine liebe Dame..." „Ich bin keine Dame", wies ihn Mrs. Norton zurecht. „Ich bin ein Kongreßmitglied!"

In Deutschland war Adolf Hitler am 30. Januar 1933 zur Macht gekommen. Der Berliner Bankier *Emil Fürstenberg* kommentierte das Ereignis mit den Worten: „Endlich sind wir über den Berg. Von jetzt an geht's abwärts!"

Noch hielt Hitler, den man deshalb spöttisch „Adolph Legalité" nannte, dem Schein nach am demokratischen Rechtsstaat fest: Am 5. März 1933 wurde gewählt. *Hermann Göring*, der in einem Kreis von Industriellen um Wahlspenden warb, meinte dazu: „Das erbetene Opfer wird der Industrie sicherlich um so leichterfallen, wenn sie weiß, daß diese Wahl die letzte innerhalb von zehn Jahren, voraussichtlich aber in hundert Jahren ist."

Göring war verhältnismäßig bescheiden. Die nationalsozialistische Propaganda begnügte sich nicht mit hundert Jahren, sondern verkündete ein tausendjähriges Reich. Nicht alle glaubten daran. *Franz Theodor Csokor,* der noch in der Nacht des 30. Januar aus Berlin abreiste und in seine österreichische Heimat zurückkehrte, erklärte: „Ich habe mir geschworen, für die Dauer dieses Tausendjährigen Reiches meinen Fuß nicht mehr auf deutschen Boden zu setzen – und ich fühle dabei, daß ich das Ende dieser tausend Jahre überleben werde." Csokor fügte hinzu: „Man muß sich eben entscheiden: Gutes Geschäft oder gutes Gewissen . . ."

Die Bücher jüdischer und unerwünschter Autoren wurden öffentlich verbrannt. *Sigmund Freud* sagte dazu: „Und da soll einer sagen, daß es keinen Fortschritt gibt! Im Mittelalter hätte man noch mich verbrannt. Jetzt begnügt man sich mit meinen Büchern!"

Aber noch nahm man das neue Regime nicht ernst, noch war der Witz die vornehmliche Waffe des Widerstandes. So kursierte über Adolf Hitler im Jahre 1933 das folgende Verslein:

„Vom Duce hat er die Montur,
Die römischen Allüren,
Von Marx die Kollektivnatur,
Die Lust am Nivellieren.
Am Staat, der über Leichen geht,
Ist Machiavell beteiligt,
Und St. Ignatius Pate steht
Beim Zweck, der alles heiligt.
Da man die Attribute nicht
Von der Substanz kann trennen,
Was, frag ich, ist am großen Licht
Noch Original zu nennen?"

Eine Quelle der Heiterkeit waren auch die zahlreichen Abkürzungen, die für das Dritte Reich charakteristisch waren. Statt NSDAP sagte man: „Nur solange die Armee pariert" oder „Na, suchst du auch Pöstchen?", statt dem Nationalsozialistischen Kraftfahrerkorps NSKK: „Nur Säufer – Keine Kämpfer" und statt der Nationalsozialistischen Betriebsorganisation NSBO: „Nun sitzen Bonzen oben." Der Bund

Deutscher Mädchen BDM wurde vielfach abgewandelt: „Bald deutsche Mutter – Bubi, drück mich – Bedarfsartikel deutscher Männer“ und das Konzentrationslager Dachau, im NS-Jargon KLD genannt, gab zu der wehmütigen Feststellung Anlaß: „Kann lange dauern.“

Eine Welle von Propaganda überzog das Land, Reichsredner und Gauredner hielten pausenlos Versammlungen ab, an Parolen und Phrasen war kein Mangel. Weithin bekannt wurde die Stilblüte des braunschweigischen Landtagsabgeordneten *Madel,* der in einer Versammlung lautstark erklärte: „Volksgenossen! Glaubt mir das eine – unsere Führer, die werden den Dreck schon aus dem Schlamm ziehen!“

Ein neuer politischer Begriff wurde geboren – der „Mitläufer“. Einer der prominentesten Vertreter dieser Spezies war der sogenannte Reichsbischof Ludwig Müller, der an der Spitze des „Bundes Deutscher Christen“ stand. Bald kursierte über ihn ein Scherzwort: „Worin besteht der Unterschied zwischen einem Missionar und dem Reichsbischof? Der Missionar macht Wilde fromm und der Reichsbischof Fromme wild!“

Goebbels hatte die letzten Monate vor der Machtergreifung in einem Buch geschildert, das den Titel hatte „Vom Kaiserhof zur Reichskanzlei“. In Anlehnung daran sagte man, der Reichsbischof Müller werde ein Buch mit dem Titel schreiben: „Vom Kirchenlicht zum Armleuchter.“

Es gab aber auch andere Kirchenfürsten. In Württemberg, wo der protestantische Landesbischof Wurm dem Reichsstatthalter Murr mannhaft entgegentrat, sagten die Leute: ‚Es wurmt den Murr, daß Wurm murrt!“

Mitläufer gab es auch auf der äußersten Linken. Viele Kommunisten, die von der Haltung ihrer Führer enttäuscht waren und sich vom neuen Regime Arbeit und Brot erhofften, gingen zur SA. Diese Unterwanderung war so stark, daß darüber viele Witze kursierten. So erzählte man, in Berlin habe sich ein Lebensmüder bei einer großen Parteidemonstration einem einmarschierenden SA-Zug entgegengestellt und mit erhobener Faust gerufen: „Heil Moskau!" Worauf ihn der SA-Führer an der Spitze des Zuges anfuhr: „Halt's Maul, Idiot! In der letzten Reihe marschiert ein Nazi!"

Und von *Ernst Thälmann*, dem Führer der KPD, berichtete man, er habe einem ausländischen Journalisten, der ihn im Konzentrationslager aufsuchte und beim Abschied nach seinen Wünschen fragte, erklärt: „Wenn Sie durchaus etwas für mich tun wollen; bitte, grüßen Sie mir meine SA!"

Die Künstler genossen anfangs eine gewisse Narrenfreiheit. Als *Martha Fuchs*, die aus Schwaben stammende Sopranistin der Berliner und Dresdner Staatsoper, in Bayreuth die Isolde sang, wurde sie nach der Vorstellung zu einem Empfang im Haus Wahnfried geladen. Dort sagte sie zu Hitler: „Sie, fanget Se nur koin Kriag a! I bin net fir Heldedod. No scho eher fir Liebesdod."

Die Kabarettisten nützten die Narrenfreiheit, solange sie konnten. In der „Katakombe", der Berliner Kleinkunstbühne, sagte *Werner Finck* zu einem eifrig mitschreibenden Mann von der Gestapo: „Spreche ich zu schnell? Kommen Sie mit? Oder – muß ich mitkommen?"

Werner Finck mußte mitkommen. Goebbels ließ ihn in das Konzentrationslager Esterwegen einweisen, wo er mit Genehmigung der Lagerleitung am ersten Pfingstfeiertag einen Kabarettnachmittag veranstaltete und in seiner Conférence sagte: „Ihr werdet euch bestimmt wundern, wieso wir so munter und fröhlich sind. Nun, Kameraden, das hat seine Gründe: In Berlin waren wir es schon lange nicht mehr. Im Gegenteil. Immer, wenn wir da aufgetreten sind, hatten wir ein unangenehmes Gefühl im Rücken. Das war die Furcht, ins KZ zu kommen. Und seht ihr, jetzt brauchen wir keine Angst mehr zu haben: Wir sind ja drin!"

Nachdem man ihn aus dem Konzentrationslager entlassen hatte, trat Werner Finck wieder in der „Katakombe" auf und sagte in einer Conférence-Parodie: „Hier steht der Finck – leicht gedrosselt ..."

Wegen dieser und vieler ähnlicher Bemerkungen sollte er neuerlich eingesperrt werden, worauf der Berliner Polizeipräsident, *Graf Helldorf*, zu Goebbels sagte: „Sie sollten nicht immer nur Ihre Leute ins KZ bringen, andere wollen doch auch mal rein."

Werner Fincks Kabarettkarriere im Dritten Reich endete endgültig, als er Anfang 1939 in seiner Antwort auf die vom „Berliner Tageblatt" veranstaltete Rundfrage: „Haben wir eigentlich Humor?" schrieb: „Doch, doch! Unter uns haben wir Humor. Fragt sich nur, ob auch die über uns Humor haben ..." Daraufhin erhielt er Berufsverbot, wurde aus der Reichskulturkammer ausgeschlossen, und Goebbels verkündete im „Völkischen Beobachter": „Die politische Witzemacherei ist ein liberales Überbleibsel!"

Es war eine beliebte Methode im Dritten Reich, Witze, die im Volk entstanden waren, prominenten Persönlichkeiten in den Mund zu legen. Der Komiker *Weiß Ferdl*, der im Münchner „Platzl" auftrat, erklärte daraufhin eines Tages von der Bühne herab: „Was die Leute sagen, ich hätt' es gesagt, hab' ich nie gesagt!"

Nie gesagt hatte Weiß Ferdl zum Beispiel das folgende Gedicht:

„Ein Tännchen steht im Wiesengrund,
Es ist organisiert.
Es ist im NS-Tannenbund,
Damit ihm nichts passiert."

Die Leute erzählten aber, Weiß Ferdl sei wegen dieses Gedichtes von der Gestapo verwarnt worden und habe daraufhin dem Publikum folgende Version geboten:

„Ein Tännchen steht im Wiesengrund,
Es ist nicht organisiert.
Es ist auch nicht im NS-Tannenbund,
Damit mir nichts passiert."

Ungewiß ist auch, ob *Karl Valentin* tatsächlich auf der Bühne den folgenden Monolog gehalten hat: „Früher herrschten die Ultramontanen, und was hatten wir? Bonzen! Dann kamen nach der Revolution die Marxisten, und was hatten wir? Bonzen! Und dann kam endlich der Nationalsozialismus, und was haben wir heute? – Mittwoch!"

Gewiß ist dagegen, daß *Alfred Kerr* in der Emigration einen Vers verfaßte, der bald in ganz Deutschland zitiert wurde:

„Was in der Kunst erlaubt ist,
Und was ihr Sinn überhaupt ist,
Bestimmt ein provinzialer
Ansichtskartenmaler.“

Es waren nicht nur die Künstler, die über das Dritte Reich spotteten. Am 6. September 1934 hielt Benito Mussolini eine Rede, in der er sagte: „Dreitausend Jahre Geschichte erlauben es uns, mit souveränem Mitleid auf gewisse Ideen zu schauen, die jenseits der Alpen von einer Brut vertreten werden, die zu einer Zeit, da Rom einen Cäsar, einen Vergil und einen Augustus besaß, wegen Unkenntnis der Schrift unfähig war, Zeugnisse ihrer Existenz zu hinterlassen.“

Von der ersten Begegnung der beiden Diktatoren erzählte man sich, Hitler habe gegrüßt: „Ave Imperator!“ Und Mussolini habe geantwortet: „Ave Imitator!“

Aber bald war es der Faschismus, der den Nationalsozialismus imitierte. Animiert durch die Grußformel „Heil Hitler!“ verfügte der Parteisekretär Achille Starace, ohne den Duce zu fragen, daß alle offiziellen Schreiben mit den Worten „Es lebe der Duce!“ zu unterzeichnen seien. Wütend ließ Mussolini seinen Parteisekretär kommen und begann imaginäre Briefe zu diktieren: „Sehr geehrte gnädige Frau, leider müssen wir Ihnen mitteilen, daß Ihr Sohn bei den Manövern vom Pferd gefallen ist und eine schwere Schädelverletzung erlitten hat. Es lebe der Duce!“ – „Sehr geehrter Herr, die Einsparungen in unserem Betrieb machen es leider notwendig, Sie mit Wirksamkeit vom Beginn des nächsten Monates zu kündigen. Es lebe der Duce!“ – „Lieber Herr Bürgermeister, Ihr Ansuchen um Finanzierung des Wasserleitungsbaues in Ihrer Gemeinde muß wegen Geldmangels abgewiesen werden. Es lebe der Duce!" – Diese wenigen Beispiele genügten – Starace zog seine Verfügung zurück.

Zwischen den Giganten Deutschland und Italien lag das kleine Österreich, das nach der Ausschaltung des Parlaments im März 1933 ein „christlich-deutscher Ständestaat auf autoritärer Grundlage" geworden war. Die politischen Gegner prägten dafür das neue Wort „Klerikofaschismus" und verspotteten den Bundeskanzler Engelbert Dollfuß wegen seines kleinen Wuchses als „Millimeternich". Die Ostmärkischen Sturmscharen, die Dollfuß' Nachfolger Schuschnigg als Gegengewicht zur radikalen Heimwehr aufgebaut hatte, wurden die „Ölberghusaren" genannt, und über das Anhaltelager Wöllersdorf, in dem Kommunisten, Sozialisten und Nationalsozialisten saßen, ging das Scherzwort um: „Die Zustände in Wöllersdorf haben sich sehr gebessert. Die Wachen werden neuerdings viel weniger geschlagen ..."

Der spätere freiheitliche Salzburger Landesrat *Walter Leitner* verbrachte einige Zeit in einem der Anhaltelager des Ständestaates. Jahre danach erzählte er darüber: „1935 im steirischen KZ Messendorf hatte ich eitrige Mittelohrentzündung. Man gab mir ein Aspirin täglich. Da wird man entweder teppert, man stirbt oder – man wird Landesrat."

Viele Sozialdemokraten waren emigriert. In Brünn, wo sich das Hauptquartier der Exil-Partei befand, wollte Otto Bauer in der illegalen „Arbeiter-Zeitung", die nach Österreich geschmuggelt wurde, einen Aufruf veröffentlichen, der mit den Worten schließen sollte: „Es lebe die Diktatur des Proletariats!“ Diese Formulierung unterblieb aber nach längerer Debatte, in deren Verlauf Julius Deutsch, der Führer des sozialdemokratischen Schutzbundes, erklärt hatte: „Um Krebskranke zu retten, bedarf es einer Krebsoperation. Es wird aber schwerlich jemandem einfallen, deshalb zu rufen: ‚Es lebe die Krebsoperation!‘ “

Nachdem die Tschechoslowakei von Hitler annektiert worden war, ging die Führung der österreichischen Sozialdemokraten nach Paris. Dort fand eine Versammlung statt, bei der Friedrich Adler sprach, der im Ersten Weltkrieg den Ministerpräsidenten Graf Stürgkh mit einigen Revolverschüssen niedergestreckt hatte. Friedrich, der Sohn des Parteigründers Viktor Adler, war im Gegensatz zu seinem Vater ein sehr schlechter Redner. Nachdem er geendet hatte, beugte sich *Leon Blum*, der Führer der französischen Sozialisten, der in der ersten Reihe neben Otto Bauer saß, zu seinem Nachbarn und sagte: „Schießen kann er besser!“

Im Jahre 1936 brach der Spanische Bürgerkrieg aus – ein neuer Krisenherd beherrschte die europäische Politik. Das politische Leben Spaniens war für den Außenstehenden nur schwer verständlich. So hatte Antonio Maura y Montaner, der Ministerpräsident Alfons' XIII. und Lehrmeister Calvo Sotelos, dessen Ermordung eines der auslösenden Momente des Bürgerkrieges war, einst eine Wahl mit einem Programm geschlagen, das nur aus drei Worten bestand: „Nosotros somos nosotros!“ – „Wir sind wir!“

In einem Katechismus, den die katholische Kirche Spaniens im Jahre 1927 veröffentlicht hatte, fanden sich unter anderem folgende Fragen und Antworten: „Welche Sünde begeht ein Katholik, der liberal wählt?“ – Antwort: „Ein Todsünde.“ – „Ist es eine Sünde für einen Katholiken, eine liberale Zeitung zu lesen?“ – Antwort: „Er darf die Börsenkurse lesen.“

Wenige Tage vor dem Ausbruch des Bürgerkrieges fragte der amerikanische Journalist Louis Fischer Ministerpräsident *Manuel Azana* in einem Interview, was er von den Putschplänen der Armee halte. „Das sind Kaffeehausgerüchte“, antwortete der Ministerpräsident. „Aber ich habe diese angeblichen Gerüchte auch im Parlament gehört“, erwiderte Fischer. „Das Parlament“, sagte Azana, „ist das größte Kaffeehaus von Madrid.“

General Franco, der Führer der Nationalisten, hatte mit der ständigen Rivalität der Monarchisten und der Falangisten zu kämpfen. Rein optisch löste er das Problem, indem er gegen Ende des Bürgerkrieges das rote Barett der Carlisten und das blaue Hemd der Falangisten zur Parteiuniform machte. Die Falangisten steckten daraufhin die Barette einfach in die Tasche. Die Carlisten hatten es schwerer, weshalb einer ihrer Führer, Tomas Dominguez Arevalo, Graf von Rodeznos, zu einer Parteiveranstaltung in Zivil erschien und erklärte: „Ich komme in Zivil, weil man ein Blauhemd nicht in die Hosentasche stecken kann.“

Während in Spanien noch gekämpft wurde, veränderte sich die politische Landkarte Mitteleuropas: Im März 1938 wurde Österreich zur Ostmark. Die Begeisterung über den Anschluß war bald dahin, und weite Verbreitung erlangte der resignierende Ausspruch eines alten Wieners: „Ich hab' immer geglaubt, der Nationalsozialismus is a Idee — jetzt merk ich aber, dös is a Strapaz!“ Die alten Kämpfer drückten ihren Unmut über den Reichsstatthalter Seyß-Inquart, den die März-Ereignisse emporgetragen hatten, in dem Vers aus: „Sei’s in Quarten, sei’s in Quinten, wir sind beschissen vorn und hinten!“ Über die Arisierer und Gleichschalter, die aus dem „Altreich“ kamen, sagte man: „Für uns hieß es ‚Heim ins Reich!‘, für die heißt es ‚Reich ins Heim!‘“ Und von den „Märzveilchen“, die erst nach dem Anschluß zur Partei gefunden hatten, hieß es, sie seien so übereifrig, daß sie bei der Verabschiedung sagten: „Und ein recht schönes ‚Heil Hitler!‘ auch an die Frau Gemahlin.“

Mussolini, der noch 1934, kurz nach der Emordung von Bundeskanzler Dollfuß, für die Unabhängigkeit Österreichs eingetreten war, mußte nun gute Miene zum bösen Spiel machen. Am 16. März 1938 erklärte er in der römischen Kammer: „Wenn ein Geschehen unvermeidbar ist, so ist es besser, es geschieht mit meinem Willen als ohne meinen Willen oder, was noch schlimmer ist, gegen meinen Willen!“

Und als sich Hitler nach dem Ausschluß Österreichs der Einverleibung des Sudetenlandes und schließlich der Liquidierung der restlichen Tschechoslowakei zuwandte, spottete Mussolini in einer Rede: „Wenn sich die Tschechoslowakei heute in einer delikaten Position befindet, dann wohl deshalb, weil sie eigentlich nie eine Tschechoslowakei, sondern eine Tschecho-Germano-Polono-Magyaro-Rutheno-Rumano-Slowakei war.“

Die westlichen Demokratien setzten den Vormarsch der Diktaturen nur schwache Proteste entgegen. Der

Geist des Appeasements herrschte, ein Geist, der Lord Lothian veranlaßte, den Anschluß des Jahres 1938 mit den Worten zu kommentieren: „Eigentlich sind die Deutschen ja nur in ihren eigenen Hintergarten gegangen."

Winston Churchill war einer der wenigen Politiker, der diesen Geist des Appeasements bekämpfte. Bereits im Jahre 1937 hatte er die Regierung Chamberlain im Unterhaus mit den Worten gegeißelt: „Sie haben den Entschluß gefaßt, unentschlossen zu sein. Sie sind willens, keinen Willen zu haben. Mit eiserner Energie lassen Sie die Zügel schleifen, allmächtig in Ihrer Ohnmacht."

Als er daraufhin von einem Sprecher der Regierung als Rebell bezeichnet wurde, antwortete Churchill: „Der ehrenwerte Gentleman scheint zu glauben, daß alle Regierungen unfehlbar sind und alle Rebellen nichtswürdig sein müssen. Es hängt aber sehr davon ab, was man unter Regierung und was man unter Rebellen versteht."

Das einzige Regierungsmitglied, das Churchill unterstützte, war Anthony Eden, der schließlich zurücktrat, weil er mit seinen Ansichten im Kabinett nicht durchdrang. Eden war ein brillanter Außenpolitiker, aber ein mäßiger Redner. Als man Churchill nach Edens Jungfernrede im Parlament fragte, wie sie ihm gefallen habe, meinte er: „Sie war sehr schön, aber mit Ausnahme von: ‚Mit Gott für König und Vaterland' und: ‚Es wird gebeten, die Kleider vor Verlassen der Anstalt zu ordnen', gibt es keinen Gemeinplatz der englischen Sprache, der in dieser Rede gefehlt hat."

Churchill wollte nicht nur Worte, sondern auch Waffen sprechen lassen. Deshalb trat er für die Aufrüstung Großbritanniens ein und schrieb 1938 in einem Artikel: „Wir werden ganz sicherlich nicht in Schwierigkeiten geraten, bloß weil wir ein- oder zweitausend zusätzliche Flugzeuge modernster Bauart zu unserer Verfügung haben. Wie sagte doch der Mann, dessen Schwiegermutter in Brasilien gestorben war, als man ihn fragte, was mit dem Leichnam geschehen solle? ‚Kein Risiko eingehen! Einbalsamieren, verbrennen und begraben!' "

Und dann kam der Krieg, und am 10. Mai 1940, an dem Tag, an dem die deutschen Truppen in Frankreich einmarschierten, wurde Winston Churchill Premierminister. Seine Betrauung durch den König war ein Musterbeispiel praktizierten Understatements. Als Churchill im Buckingham-Palast eintraf, empfing ihn Georg VI. mit den Worten: „Ich nehme an, Sie wissen nicht, weshalb ich Sie rufen habe lassen." Churchill erwiderte mit todernstem Gesicht: „Sir, ich habe nicht die geringste Ahnung."

Churchill bildete zwar eine Konzentrationsregierung aller Parteien, aber das schloß Kritik im Unterhaus nicht aus. Vor allem *Aneurin Bevan,* der Labourabgeordnete, der später Gesundheitsminister im Nachkriegskabinett Attlee wurde, attackierte Churchill oft und heftig. „Die Leute im Lande sagen", erklärte er eines Tages im Unterhaus, „daß der Premierminister den Krieg wie eine Parlamentsdebatte und Parlamentsdebatten wie einen Krieg führt."

Bevan wurde von seinem Freund Archie Lush ermahnt, seine Angriffe zu mäßigen. „Bedenke doch, wie schrecklich es wäre, wenn es Churchill nicht gäbe", meinte Lush. „Unsinn", erwiderte Bevan. „Was willst du machen, wenn Churchill morgen von einem Autobus überfahren wird? Hitler eine Postkarte schicken und mitteilen, daß wir aufgeben?"

Als der Labourabgeordnete *Emanuel Shinwell,* eines der prominentesten jüdischen Mitglieder des Unterhauses, Kritik an den militärischen Fähigkeiten Churchills übte, wies man ihn mit den Worten zurecht: „Immerhin ist der Premierminister ein Nachkomme des Herzogs von Marlborough, der einer unserer bedeutendsten Heerführer war." „Das beeindruckt mich gar nicht", antwortete Shinwell. „Ich stamme von einem viel bedeutenderen Heerführer ab – von Moses."

Das erste Signal des Unterganges des Dritten Reiches war die Flucht des Stellvertreters des Führers, Rudolf Heß, nach England, wenige Wochen vor Beginn des Feldzuges gegen die Sowjetunion. Kaum war die Flucht bekanntgeworden, als auch schon das folgende Scherzwort in Deutschland umging: „Was ist paradox? – Wenn im Dritten Reich der zweite Mann als erster türmt."

Mit Recht notierte *Ernst Jünger* am 12. März 1943 in Paris in seinem Tagebuch: „Vielleicht gibt es Chronisten, die über die Witze, die diese ganzen Jahre begleiten, Tagebuch geführt haben. Das wäre lohnend, denn ihre Aufeinanderfolge ist aufschlußreich. Auch ist im Stande völliger Unterdrückung das Epigramm die einzige Münze, in der die geistige Freiheit noch Umlauf hat."

Es gab solche Chronisten. Einer von ihnen war *Ulrich von Hassell,* der frühere deutsche Botschafter in Rom, der in seinen Tagebüchern regelmäßig Witze, die ihm für die Stimmung der Bevölkerung chrakteristisch erschienen, verzeichnete. So trug er am 30. Mai

1939 ein: „Zwei Österreicher sitzen in Wien im Café, der erste sagt: ‚Hm', der zweite antwortet nach langer Kunstpause: ‚Hm', der erste nochmals: ‚Hm', der zweite: ‚No, die Türken sind wir halt auch wieder losgeworden.' "

Am 30. November 1941 notierte Hassell: „In der Bahn sagt ein herkulischer Arbeiter zu einer armen, alten Jüdin: ‚Na, Sie kleene Sternschnuppe Sie, setzen Sie sich mal hin', und als jemand murrt, sagt er drohend: ‚Mit meinem Hintern mach ick, was ich will.' "

Unter dem Datum 10. Juni 1942 findet sich in den Tagebüchern Ulrich von Hassells folgende Eintragung: „Ein Mann im Tram sagt: ‚Nischt zu fressen, nischt zu rauchen, nischt zu saufen – Heil Hitler!' Da er dies dauernd wiederholt, wird der Schaffner aufmerksam und fordert ihn zum Schweigen auf, sonst würde er ihn feststellen lassen. Der Mann bleibt bei seinem Spruch. Der Schaffner läßt halten und ruft einen Schupo: ‚Was haben Sie gesagt?' – ‚Nischt.' Der Schupo fragt einen nach dem andern der Mitfahrer, der erste antwortet: ‚Ich habe geschlafen!' Der zweite: ‚Ich habe Zeitung gelesen', der dritte: ‚Ich habe mich unterhalten', der vierte: ‚Ich bin übermüdet und höre nichts.' Der Schupo zieht ab, das Tram fährt weiter. Der Mann sagt: ‚Nischt zu fressen, nicht zu saufen, nischt zu rauchen, aber Volksgemeinschaft prima.' "

Neben den Witzemachern waren auch die Reimeschmiede am Werk. Als der Bombenterror über die Städte niederging, sang man im Ruhrgebiet:

„Lieber Tommy, fliege weiter,
Hier sind nur die Ruhrarbeiter.
Flieg doch lieber nach Berlin,
Denn da haben sie ‚Ja' geschrien!"

Über die Vergeltung, die niemals kam, spottete man mit dem Vers:

„Flieg, Käfer, flieg!
Der Vater ist im Krieg.
Den Opa ziehn sie auch noch ein,
Das wird wohl die Vergeltung sein!"

Und dann kam das Ende. Werner Finck erlebte es in einem Lazarett in Meran, wo er nach der Kapitulation eine Hauszeitung, genannt „Die Fieberkurve", herausgab, in der er epigrammatisch zu Vergangenheit und Zukunft Stellung nahm. Unter dem Titel „Das blinde Vertrauen" zog er Bilanz: „Ein Volk. Ein Reich. Ein Irrtum ..." Und unter dem Titel „Der wesentliche Unterschied" prophezeite er: „In der östlichen Demokratie schafft sich der Staat die Menschen, die er braucht; in der westlichen schaffen sich die Menschen den Staat, den sie brauchen."

KAPITEL VI

Wenn ma nur wüssten, was die wollen

oder

ZWISCHEN DEMOKRATIE UND VOLKSDEMOKRATIE 1945—1955

Jetzt bin ich Oberbürgermeister über Trümmer.
Ernst Reuter, 1948

Im Anhaltelager Glasenbach bei Salzburg saß im Frühjahr 1945 der oberösterreichische Humorist *Franz Resl* und schrieb ein Gedicht, das die Gefühle und Gedanken vieler Menschen in diesen Tagen wiedergab:

„Wenn ma nur wüßten, was die wollen?
Wenn ma nur wüßten, was wir sollen?
Wir machen alles aus ganzem Herzen,
Tragen rote Nelken oder weiße Kerzen,
Oder wenn's sein muß – es is a Jammer –
Auch Sichel und Hammer.
Wenn ma nur wüßt, wie man eigentlich dran is?
Wenn ma nur wüßt, wer der kommende Mann is?
Nehmen wir an, es ist der Stalin,
Dann pack ma uns zsam und gehn alle hin.
Aber nachher ist es der Papst –
Und mir san wieder geschnapst ..."

In Wien wurde *Karl Renner,* der bereits 1918 Staatskanzler gewesen war, mit der Bildung einer provisorischen Staatsregierung betraut. Am 27. April, dem Tag der Unabhängigkeitserklärung, wurde das Kabinett von Marschall Tolbuchin, dem sowjetischen Hochkommissar, zu einem Bankett geladen. Am Ende des Gelages ergriff Renner, der ein leidenschaftlicher Zigarrenraucher war, eine große Schachtel mit Zigarren der Österreichischen Tabakregie, die auf dem Tische stand, und verabschiedete sich von seinem Gastgeber mit den Worten: „Marschall Tolbuchin, ich befolge lediglich die Lehren von Karl Marx: ‚Expropriiert die Expropriateure!' "

In Köln setzte die britische Militärregierung Doktor Konrad Adenauer zum Oberbürgermeister ein. Seine

Amtszeit währte nicht lange. Bereits am 6. Oktober 1945 erhielt er ein vom Militärgouverneur der Nordrheinprovinz, Brigadier Barraclough, gezeichnetes Schreiben, in dem es hieß: „Ich bin nicht zufrieden mit dem Fortschritt, der in Köln im Zusammenhang mit der Instandsetzung von Gebäuden, der Straßenreinigung und der Vorbereitung für den kommenden Winter erzielt worden ist. Sie werden daher heute aus Ihrem Amt als Oberbürgermeister von Köln entlassen. Sie werden weder direkt noch indirekt irgendeiner wie auch immer gearteten politischen Tätigkeit nachgehen."

In Paris bemühte sich Charles de Gaulle um die Sammlung aller Kräfte für den Wiederaufbau Frankreichs. Bald sollte sich freilich zeigen, daß auch die Vierte Republik ein Tummelplatz der parteiegoistischen Interessen war. Als de Gaulle den Führer der Radikalsozialisten, Edouard Herriot, um seine Mitarbeit bat, erhielt er zur Antwort: „Herr General, wie soll ich Ihnen helfen, Frankreich wiederaufzubauen. Zunächst muß ich einmal dafür sorgen, daß die Radikalsozialistische Partei wiederaufgebaut wird."

In Washington war nach dem plötzlichen Tode Franklin Delano Roosevelts im April 1945 *Harry Truman* ins Weiße Haus eingezogen. Truman, der im Gegensatz zu seinem Vorgänger aus bescheidenen Verhältnissen kam, war ein sehr mutiger Mann; vor allem hatte er Mut zur Selbstkritik. „Der Präsident der Vereinigten Staaten", pflegte er zu sagen, „hört täglich unzählige Stimmen, die ihm sagen, er sei der größte Mann der Welt. Umso sorgfältiger muß er auf die wenigen Stimmen hören, die ihm sagen, daß er es nicht ist."

In London hatte Winston Churchill nach der überraschenden Niederlage der Konservativen Partei bei den Juliwahlen des Jahres 1945 das Amt des Premierministers an Clement Attlee abtreten müssen. Zur allgemeinen Überraschung behielt er aber das Amt des konservativen Parteiführers. Als man ihn darauf hinwies, daß diese Funktion unter der Würde des Premierministers der Kriegsjahre sei, antwortete Churchill: „Mein Pferd mag nicht besonders gut sein, aber es ist noch immer besser, als bei der Infanterie zu dienen."

Tatsächlich fühlte sich Churchill in der Rolle des Oppositionsführers sehr wohl und griff vom ersten Tag die Labour Party und ihre Führer mit Brillanz und Schärfe an. Über Premierminister Attlee sagte er: „Mr. Attlee ist ein sehr bescheidener Mann." Dann machte Churchill eine kleine Kunstpause und fügte hinzu: „Und er hat auch alle Ursache, es zu sein . . ."

Mit Verstaatlichung, Planwirtschaft und Austerity versuchte die Labour Party die Folgen des Krieges zu überwinden. Als Hugh Gaitskell, der spätere Parteivorsitzende, den Aneurin Bevan einmal eine „ausgetrocknete Rechenmaschine" genannt hat, noch Energieminister war, forderte er die Bevölkerung im Zuge der Kohlensparmaßnahmen auf, weniger zu baden. Zur Unterstützung seines Appells erklärte Gaitskell, er habe zeit seines Lebens nicht viel gebadet, ohne daß er nachteilige Folgen bemerkt hätte. Daraufhin erklärte Churchill am 28. Oktober 1947 im Unterhaus: „Nach dem Appell des ehrenwerten Energieministers stellt sich die Frage, ob es nicht gestattet ist, die Regierung als lausig zu bezeichnen, da der Ausdruck in diesem Fall ja keine Beschimpfung, sondern die Beschreibung eines tatsächlichen Zustandes wäre."

Churchill verstand es meisterhaft, seine Reden mit Wendungen zu würzen, die den Eindruck erweckten, sie seien ihm eben erst eingefallen. Einer seiner Parlamentskollegen meinte dazu: „Winston hat einen Großteil seines Lebens damit verbracht, seine improvisierten Reden vorzubereiten."

Im gleichen Maße, in dem Churchill die Regierung attackierte, wurde er seinerseits von den Abgeordneten der Labour Party angegriffen. Vor allem die Entscheidungen, die er während des Krieges gefällt hatte, wurden nachträglich manch herber Kritik unterzogen. Churchill, der damals bereits an seinem großen Werk über den Zweiten Weltkrieg schrieb, für das er schließlich mit dem Nobelpreis ausgezeichnet wurde, quittierte alle Angriffe gelassen mit den Worten: „Ich bin bereit, mich dem Urteil der Geschichte zu unterwerfen. Um so mehr, als ich mich entschlossen habe, die Geschichte selbst zu schreiben . . ."

Wie alle großen Staatsmänner war Winston Churchill letzten Endes ein Mann der einsamen Entschlüsse. Als man ihn eines Tages nach seinen Ansichten über Wert und Zweck politischer Konsultationen befragte, meinte er: „Nun, man kann jederzeit einen Mann konsultieren und ihn fragen: ‚Haben Sie etwas dagegen, daß Ihnen morgen der Kopf abgeschnitten wird?' Wenn er dann gesagt hat: ‚Nein, lieber nicht', schneidet man ihn eben ab. Konsultiert ist er ja worden!"

Churchills großer Gegenspieler *Clement Attlee* war offensichtlich ähnlicher Ansicht, als er sagte: „Demokratie bedeutet Regieren durch Diskussion. Dieses System funktioniert aber nur, wenn man die Leute vom Reden abhält . . ."

Wie Churchill hatte auch Attlee seine Memoiren geschrieben. Sie waren ein getreues Spiegelbild des Autors: Solide, aber, gelinde gesagt, trocken. Der konservative Abgeordnete *Sir Beverley Baxter* meinte dazu: „Ich will ja nicht behaupten, daß Attlees Memoiren langweilig sind, aber ihr Stil klingt ungefähr folgendermaßen: ‚Eines Tages lernte ich auf einer Gesellschaft eine junge Dame kennen, die mir sehr gut gefiel. Meine Neigung wurde erwidert. Ich hielt daraufhin um ihre Hand an. Und nun komme ich zum Problem der Verstaatlichung . . .' "

Berechtigte Kritik an der Labourregierung wurde geübt, weil sie durch Verstaatlichung und Austerity einen riesigen, schwerfälligen bürokratischen Apparat heraufbeschworen hatte. *Lord Samuel,* ein angesehenes Mitglied des Oberhauses, seufzte darüber: „Aufgabe der Beamten wäre es, für jedes Problem eine Lösung zu finden. Bei uns finden sie aber für jede Lösung ein Problem."

Churchill erlebte es noch, daß er von der Oppositions- auf die Regierungsbank hinüberwechselte. Im Jahre 1951 gewannen die Konservativen die Unterhauswahlen, und Churchills Wohnbauminister, *Harold MacMillan,* der spätere Premierminister, mußte sein Versprechen, jährlich 300.000 Wohnungen zu bauen, wahrmachen. Nach einem Jahr konnte er dem Unterhaus berichten, daß er dieses Ziel tatsächlich erreicht habe. Worauf ihm Aneurin Bevan, der es als Wohnbauminister der Regierung Attlee nur auf 200.000 Wohnungen pro Jahr gebracht hatte, zurief: „Jeder Narr kann 300.000 Wohnungen pro Jahr bauen." Lächelnd erwiderte MacMillan: „Ich kenne einen Narren, der es nicht konnte."

Über alle Wechselfälle der Geschichte hinweg bewahrte die englische Politik ihren Stil, der durch Toleranz, Understatement und vor allem Selbstironie gekennzeichnet ist. Nichts vermag diesen Stil besser zu charakterisieren als die Geschichte von den beiden Unterhausabgeordneten, die sich im Auto im dichtesten Nebel Londons verirren, einen Passanten fragen, wo sie seien und zur Antwort erhalten: „In einem Auto!" Worauf der eine Abgeordnete zu seinem Kollegen sagt: „Das war aus drei Gründen das Musterbeispiel einer parlamentarischen Anfragebeantwortung: 1. Sie war kurz und präzis, 2. Sie entsprach vollkommen der Wahrheit, 3. Man weiß, nachdem man sie erhalten hat, genauso viel wie zuvor."

In Deutschland erwuchs nach dem Kriege aus Not und Trümmern die neue Demokratie. Am 7. Dezember 1948 wurde *Ernst Reuter* zum Oberbürgermeister von Berlin gewählt, einer hungernden und frierenden Stadt, die seit einem halben Jahr blockiert war und von den westlichen Alliierten aus der Luft versorgt wurde. Bald nach seiner Wahl rief Reuter den Berlinern zu: „Es ist kalt in Berlin. Aber in Sibirien ist es noch viel kälter!"

Der Kampf um Berlin war ein Kampf um die Freiheit. Auf den Einwand, der Mensch könne von der Freiheit nicht leben, erwiderte Ernst Reuter: „Der Fisch lebt auch nicht vom Wasser, aber er lebt im Wasser. Der Mensch lebt nicht von der Freiheit, aber er kann nur in Freiheit leben . . .!"

Während man in Berlin um das Überleben kämpfte, trat in Bonn der Parlamentarische Rat als konstituierende Körperschaft zusammen. Präsident des Rates war *Dr. Konrad Adenauer*, der den Vorsitz souverän handhabte. Einmal beschwerte sich ein Abgeordneter, dessen Wortmeldung übersehen worden war, mit den Worten: „Dabei habe ich Ihrer Beisitzerin, Frau Doktor Weber, mehrmals zugewinkt." Begütigend antwortete Adenauer: „Frau Dr. Weber ist eine ehrbare Frau! Mit Winken ist da nichts zu machen!"

Am 14. August 1949 wurde gewählt. Die CDU/CSU wurde stärkste Fraktion, und am 21. August versammelte man sich in Konrad Adenauers Haus, um über die künftige Arbeit zu beraten. Nachdem man sich über die Zusammensetzung der Bundesregierung geeinigt hatte, schlug Adenauer vor, Theodor Heuss zum Bundespräsidenten zu wählen. Zaghaft wandte ein bayrischer Abgeordneter ein, daß Herr Heuss als nicht sehr kirchenfreundlich gelte. Ungerührt erwiderte Adenauer: „Aber er hat eine sehr fromme Frau. Das genügt!"

Es gab noch andere Einwände. Ein jüngerer Abgeordneter meinte: „Der Heuss, das ist auch so ein liebenswürdiges Fossil aus der Weimarer Zeit." Worauf einer der Anwesenden die Bemerkung nicht unterdrücken konnte: „Und was ist dann der Adenauer?" „Meine Herren", sagte Adenauer, der die Bemerkung wohl gehört hatte, „es ist mir völlig neu, daß Sie mich für liebenswürdig halten."

Mit einer Stimme Mehrheit, die, wie er später zugab, seine eigene war, wurde Konrad Adenauer im September 1949 vom Bundestag zum Bundeskanzler gewählt. In den vier Jahren, die folgten, regierte er so souverän, daß die CDU/CSU bei den Wahlen des Jahres 1953 eine überlegene Mehrheit erzielte und Adenauer mehr denn je der unbestrittene Führer seiner Partei war. Von den Strapazen des Wahlkampfes erholte er sich auf der Bühler Höhe, wo er über die Regierungsbildung nachdachte. Als man einen CDU-Abgeordneten fragte, wer denn nun aller als Minister vorgesehen sei, lautete die ergebene Antwort: „Gott ahnt es, Adenauer weiß es, und uns geht es nichts an!"

Lothar Steuer, der FDP-Vizepräsident des Landtages von Nordrhein-Westfalen, hat den Regierungsstil des Kanzlers treffend mit den Worten charakterisiert: „Konrad Adenauer ist ein Mann, der Machiavelli gelesen hat, aber in einer Ausgabe von Ignatius von Loyola."

Den ebenso gemütlichen wie klugen Stil, den Theodor Heuss als Staatsoberhaupt praktizierte, hat der Vizepräsident des Bundestages, *Carlo Schmid,* in einem schönen Gedicht gewürdigt:

„Weise verteilt der Heuss seine Gaben,
das Ja und das Nein, daß
Keinem schwelle der Kamm, und bis
zum letztesten Tage
Zucke das Zünglein der Waage, und jeg-
licher merke: Es siege
Schließlich der, dem der Baß Theodors
endlich sich neigt.
Traun, das wird ein Fest sein im
Zelte des Siegers! Doch Theodor
Gehet zu dem, der verlor, und sein
spendendes Wort
Lehrt ihn, daß alles auf Erden ja
wechsle, daß morgen ein Tag sei,
Der, was sich heute versagt, bringen
könnte – vielleicht."

Heuss revanchierte sich bei Carlo Schmid, wie es sich gehört, seinerseits mit einem Vers:

„Der Carlo zelebriert wie ein Gedicht
die hohen Werte seines Staatsfragments,
auf jedem Komma wuchtet sein Gewicht
– jetzt die Cäsur, dann fühlsam
die Cadenz."

Carlo Schmid war auch dann, wenn er den Vorsitz im Bundestag führte, von überlegenem Humor. Einmal stellte er am Ende einer ebenso langen wie langweiligen Debatte fest: „Keine weiteren Wortmeldungen. Ich schließe die Aussprache!" Erleichtert rief die CDU-Abgeordnete Helene Weber aus: „Gott sei Dank!" Würdevoll replizierte Carlo Schmid: „Der Dank ist, wie ich höre, nicht an mich gerichtet!"

In der Sitzung eines Bundestagsausschusses gebrauchte der FDP-Abgeordnete *Herwart Mießner* die Redewendung: „So Gott will." Er mußte sich daraufhin vom CDU-Abgeordneten *August Dresbach* belehren lassen: „Ich möchte den Kollegen von der FDP darauf aufmerksam machen, daß die Anrufung des lieben Gottes den Abgeordneten der Christlich-Demokratischen und der Christlich-Sozialen Partei vorbehalten ist!"

Im Plenum des Bundestages wurde ein Gesetzesentwurf der Deutschen Partei abgelehnt. Bei der Abstimmung war keiner der DP-Abgeordneten im Saal. Carlo Schmid, der den Vorsitz führte, meinte dazu: „Bisher war es üblich, daß Leidtragende beim Begräbnis anwesend sind!"

Die SPD-Abgeordnete *Helene Wessel*, die vor 1933 dem Zentrum angehört und den Spitznamen „Schwarzer Dragoner" hatte, sprach im Bundestag über eine Sozialvorlage. Die ehemalige Jugendfürsorgerin wandte sich ihrem Lieblingsthema zu und rief: „Meine Herren, ich stehe schon seit Jahrzehnten in der praktischen Arbeit am unehelichen Kind!" Zwischenruf aus dem Plenum: „Na – und wann kommt's denn endlich?"

Wie man eigentlich nicht debattieren sollte, demonstrierte der SPD-Abgeordnete *Walter Seuffert*, als er in einer Wirtschaftsdebatte der Regierungsfraktion zurief: „Meine Herren von der CDU, ich will Ihnen mal was sagen: Ich kenne Ihre Zahlen nicht, aber ich halte sie für falsch!"

Wenn Konrad Adenauer im Bundestag sprach, ging es oft fröhlich zu. Der kommunistische Abgeordnete *Heinz Renner* unterbrach ihn einmal mit den Worten: „Aber da lachen ja die Hühner, Herr Bundeskanzler!" Adenauers Replik: „Na, da lachen Sie mal, Herr Renner!"

In einer Rede ließ sich Adenauer zu der Bemerkung herab, daß es auch in der SPD wertvolle Leute gebe. Wütend rief ihm der Abgeordnete *Adolf Arndt* zu: „Das unterliegt nicht Ihrem Urteil!" Ungerührt erwiderte Adenauer: „Ach, Herr Arndt, Sie habe ich ja gar nicht gemeint!"

Der SPD-Vorsitzende *Erich Ollenhauer* apostrophierte Adenauer in einer Debatte mit den Worten: „Herr Bundeskanzler, seien Sie nicht so garstig mit der Opposition. Wir leben alle unter demselben Himmel!" Adenauers Zwischenruf: „Aber wir haben nicht denselben Horizont, Herr Ollenhauer!"

Ein anderes Mal rügte Ollenhauer, daß der Bundeskanzler während einer wichtigen Debatte nicht anwesend war. Als Adenauer schließlich kam, erklärte er: „Herr Ollenhauer, Sie wollen ja nur, daß ich komme, damit Sie mir sagen können, daß ich gehen soll . . .!"

In parlamentarischen Debatten gibt es auch unfreiwilligen Humor. Die Hamburger Parlamentsberichterstatter vergeben dafür sogar eine eigene Auszeichnung – den „Gartenzwerg". Bausenator *Nevermann* erhielt ihn für den Satz: „Sie wollen mir dieses faule Ei nicht nur an den Rockschoß hängen, sondern auch noch Honig daraus saugen für ihre Propaganda!"

Auch im Wiener Gemeinderat ist es Tradition, während der alljährlichen Budgetdebatte im Herbst die gelungensten Stilblüten zu sammeln. Den größten Heiterkeitserfolg erzielte eine sozialistische Abgeordnete, die den gutaussehenden Stadtrat für Gesundheitswesen, Primarius Dr. Glück, der von Beruf Frauenarzt ist, mit den Worten apostrophierte: „Von Herrn Stadtrat Glück fühle ich mich angenehm berührt . . ."

Bei einem Fraktionsempfang in Bonn kam Konrad Adenauer neben die CDU-Abgeordnete Maria Dietz zu sitzen, die einmal Studienrätin gewesen war. Sofort begann Adenauer zu erzählen: „Die Frau Dietz hat in der Unterprima einmal den Aufsatz gegeben: ‚Was ich werden will.' Eines der Mädchen schrieb: ‚Ich möchte viele Kinder kriegen und heiraten.' Daraufhin hat Frau Dietz, die damals noch nicht verheiratet war und Fräulein Hilger hieß, an den Rand rote Kringelchen gemalt und dazugeschrieben: ‚Reihenfolge beachten!' "

Im Jahre 1951 wurde im Bundestag ein Gesetzentwurf eingebracht, wonach die Zahl der Abgeordneten aus Berlin erhöht werden sollte. Die Vorlage trug den Titel: „Gesetz über die Vermehrung der Berliner Abgeordneten." Darunter hatte ein Parlamentssekretär mit der Hand geschrieben: „Herrn Paul Löbe und Frau Luise Schröder zuständigkeitshalber weitergereicht."

Nach dem Tode von Elli Heuss, der Frau des Bundespräsidenten, meinte jemand, nun müsse die FDP-Abgeordnete Frau Dr. Dr. h. c. *Marie-Elisabeth Lüders*, die Alterspräsidentin des Bundestages, die Funktion einer „First Lady" übernehmen. Frau Lüders lehnte mit den Worten ab: „Das kann ich mir als einziger Mann meiner Fraktion nicht leisten!"

Konrad Adenauer hatte ein spezifisches Verhältnis zur Wahrheit. Einen Bericht vor der Bundestagsfraktion der CDU/CSU begann er einmal mit den Worten: „Wie mein Freund Pferdmenges unterscheide auch ich drei Steigerungen der Wahrheit: die einfache, die reine und die lautere Wahrheit. Ich will Ihnen jetzt die reine Wahrheit sagen . . ."

Zur Frau des Bundestagsabgeordneten Günter Henle äußerte sich Adenauer über die Wechselwirkung von Wahrheit und Lüge: „Da behaupten die Leute, ich würde lügen. Aber das ist ja viel zu anstrengend, denn da müßte man sich doch immer merken, was man gelogen hat, damit man sich nicht widerspricht."

Spezifisch wie sein Verhältnis zur Wahrheit waren auch Adenauers Beziehungen zur Presse. Dem Bonner Korrespondenten der United Press, Bernard Lescrinier, der ihn um ein Interview bat, sagte er: „Wissen Sie was, ich gebe es Ihnen zu fünfzig Prozent gelogen, dann verdienen Sie noch mal was am Dementi!"

Lescriniers Kollege, der Korrespondent der Associated Press, Joachim Nortmann, war ein besonders eifriger Journalist. Als sich Adenauer zu einem vertraulichen Gespräch mit dem amerikanischen Hochkommissar John McCloy nach Bad Godesberg-Mehlem begab, folgte ihm Nortmann auf dem Fuße. Auf der Rückfahrt nach Rhöndorf benützte Adenauer die Rheinfähre. Prompt tauchte Nortmann auf, trat an den Wagen des Kanzlers und fragte ihn nach dem Verlauf seines Gespräches mit McCloy. Adenauer begann seine Antwort mit den Worten: „Eigentlich hatte ich Sie schon auf dem Pissoir erwartet, Herr Nortmann . . ."

Attacken in der Presse pflegte Adenauer mit den Worten zu kommentieren: „Ich halte es mit Max Halbe: ‚Macht dir eine Zeitung Kummer, tröste dich, morgen erscheint eine neue Nummer.' "

Im Jahre 1954 starb der angesehene Präsident des Bundestages, Dr. Hermann Ehlers. Nach einem Staatsakt in Bonn wurde er in seiner Heimatgemeinde Sülze im niedersächsischen Kreis Celle beigesetzt. Die Deutsche Presse-Agentur brachte die Nachricht über die Beerdigung unter dem Titel: „Ehlers in Sülze beigesetzt." Adenauer las die Meldung und meinte: „Mein Gott, sehr pietätvoll ist die dpa gerade nicht."

Eine der originellsten Figuren in Adenauers Kabinett war der Bundesfinanzminister *Fritz Schäffer*, ein kleiner, aber knorriger Mann, der den Staatshaushalt mit größter Gewissenhaftigkeit verwaltete.

Als Passauer Stadträte bei ihm erschienen, um ihm Geburtstagswünsche seiner bayrischen Heimat zu überbringen, erzählte er ihnen folgende Geschichte: „Wie ich auf die Welt gekommen bin, hat die Hebamme, die meine Mutter noch immer bei ihrem Mädchennamen Meier anredete, gesagt: ‚Frau Meier, gell, den ziagn S' net auf!' "

In einem Gespräch mit Vertretern der Länder rang Schäffer um höhere Beiträge für den Bundeshaushalt. Die Ländervertreter wehrten sich und schoben haushaltrechtliche Bedenken vor. Worauf ihnen Finanzminister Schäffer sagte: „Meine Herren, jetzt reden wir einmal nicht haushaltrechtlich, sondern vernünftig!"

Wenn es um den Staatshaushalt ging, hatte Schäffer auch vor dem Bundeskanzler keinen Respekt, über den er sagte: „Konrad Adenauer ist ein großer Mann. Aber wie alle großen Männer, von Cäsar angefangen, hat er keine Ahnung von Finanzen!"

Einer der begabten Nachwuchspolitiker der FDP war der junge *Walter Scheel,* der frühzeitig seine Wendigkeit unter Beweis stellte. Als im Jahre 1950 seine Fraktion im Landtag von Nordrhein-Westfalen vor einer wichtigen und heiklen Abstimmung stand, empfahl sich Scheel vorzeitig im Hinblick auf andere Verpflichtungen. Dem Fraktionsvorsitzenden, der wenigstens Scheels Ansichten über die Abstimmung ergründen wollte, gab er mit den Worten Bescheid: „Im Zweifel ist meine Meinung immer ungewiß."

Zu den großen Zielen Konrad Adenauers gehörte die Herstellung korrekter Beziehungen zum Staate Israel. Ein wesentlicher Schritt zur Erreichung des Zieles war die Unterzeichnung des deutsch-israelischen

Wiedergutmachungsvertrages im September 1952. Die Aussöhnung stieß natürlich auf viele Widerstände. Als ein israelischer Journalist Außenminister *Moshe Scharett* fragte, in welcher Sprache er denn mit Bundeskanzler Adenauer verhandelt habe, gab Scharett würdevoll zur Antwort: „Wir haben uns der Sprache Johann Wolfgang von Goethes bedient."

Ein anderes bedeutendes Ziel Adenauers war die Aussöhnung mit Frankreich. Darauf mußte er freilich noch warten, denn *Charles de Gaulle* hatte sich im Jahre 1946 grollend nach Colombey-les-deux-eglises zurückgezogen. Seinen vorläufigen Abgang aus der Innenpolitik kommentierte der General mit den Worten: „Ein Land, in dem es 263 verschiedene Käsesorten gibt, kann man nicht regieren!"

Ein anderer großer Franzose, *Jean Monnet*, war einer der Vorkämpfer der europäischen Einigung. Nach der Gründung der Montanunion, an der er maßgeblichen Anteil hatte, erklärte er: „Diese Gemeinschaft ist mehr als eine Vereinigung von Stahl- und Kohleproduzenten. Sie ist der Beginn Europas!"

Wie Konrad Adenauer in der Bundesrepublik war *Julius Raab* im benachbarten Österreich die überragende Erscheinung der Nachkriegspolitik. Nachdem er als Führer der Parlamentsfraktion der Österreichischen Volkspartei, Wirtschaftsbundobmann, niederösterreichischer Landesparteiobmann und Präsident der Bundeshandelskammer jahrelang der starke Mann im Hintergrund gewesen war, übernahm er im Jahre 1953 die Regierungsgeschäfte. Bald wurde seine unumstrittene Autorität in dieser Funktion mit dem Scherzwort charakterisiert: „Wer ist der glücklichste Mensch in Österreich? – Der Raab! – Warum? – Weil er der einzige ist, der vor einer Entscheidung nicht den Raab fragen muß!"

Im Umgang mit einfachen Menschen und jungen Leuten war der angeblich so autoritäre Raab von bezwingender Güte. Bei einem Besuch in der Steiermark bewirtete man ihn in der Hotelfachschule Bad Gleichenberg. Die Schüler servierten, und einer hatte das Pech, den Bundeskanzler von oben bis unten mit Bratensoße zu begießen. Verwirrt stammelte der Unglückliche seine Entschuldigung, doch Raab sah ihn begütigend an und meinte: „Gelt, hast dir den Höchsten ausg'sucht!"

Julius Raab war populär, ohne die Popularität zu suchen. Bei einem Besuch in einem Bundesland informierten ihn die örtlichen Honoratioren über eine von ihnen getroffene Entscheidung, die offensichtlich falsch war, und fügten erklärend hinzu: „Die Leut' haben 's so wollen." „Ah so", sagte Raab, „Politik is also, wann ma tuat, was die Leut' woll'n! Und ich hab' immer glaubt, Politik is, wann ma tuat, was richtig ist!"

Charakteristisch für Raab war auch, daß er die Annäherung an die Sowjetunion suchte, ohne deshalb ein Neutralist zu sein. Österreich hatte zwar Indien um Vermittlung beim Kreml zur Erlangung des Staatsvertrages gebeten, doch nach einem Besuch Pandit Nehrus, der, im Zuge einer Weltreise aus Moskau kommend, in Wien eingetroffen war, sagte Raab: „Jetzt hab' i mi lang mit dem Nehru unterhalten. Der is so hoch über Rußland g'flogen, daß er den Stacheldraht net g'sehn hat!"

Die österreichische Nachkriegspolitik war reich an Persönlichkeiten vom Schlage eines Julius Raab. Eine von ihnen war der Landeshauptmann von Niederösterreich, *Johannes Steinböck.* Wie es sich für einen niederösterreichischen Bauernführer gehört, war Steinböck ein Kenner und Schätzer des Weines. Als er wegen eines Fußleidens eine Wiener Klinik aufsuchen mußte, nahm ein junger Arzt, der den Landeshauptmann nicht kannte, die Krankengeschichte auf und fragte: „Haben Sie mäßig gelebt?" „Wia manen S'?" fragte Steinböck zurück. „Ich meine, ob Sie Alkohol zu sich nehmen", erklärte der Arzt. Steinböck maß den Mediziner mit einem langen Blick und sagte dann: „Dokterl, in der Lack'n, die i 'trunken hab', könnten Se schwimmen lernen!"

Der niederösterreichische Bundesrat *Leopold Prader,* der später österreichischer Landesverteidigungsminister wurde, stammt aus einer alten christlichsozialen Familie. Bereits sein Vater war Landesrat und Finanzreferent der Christlichsozialen in Niederösterreich gewesen. Über ihn erzählte Prader junior folgende Geschichte: „Wie im niederösterreichischen Landtag einmal eine wichtige Abstimmung war, hat mein Vater die Parteikasse ausgeleert, ist zum Klubobmann von der Großdeutschen Partei gegangen und hat ihn gefragt, ob seine Leute nicht mit den Christlichsozialen stimmen könnten. Der hat ja gesagt, und mein Vater hat geglaubt, alles ist in Ordnung. Dann ist die Abstimmung gekommen, und die Großdeutschen haben mit den Sozialdemokraten gestimmt. Voller Wut ist mein Vater zum großdeutschen Klubobmann gestürzt, aber der hat nur gelacht und gesagt: „Von die Sozi ham ma mehr kriagt!"

Ein großer Bauernführer im „heiligen Land" Tirol war der Landeshauptmann *Grauß,* der die Landesgeschäfte mit der schlichten Patriarchalität lenkte, mit der er seinen Hof führte. Als im Gespräch über eine Regierungsvorlage ein hoher Landesbeamter wagte, dem Landeshauptmann hartnäckig zu widersprechen, zog Grauß nur die Augenbrauen hoch und meinte: „Z' Lichtmeß wern die Knecht 'kündigt ... !"

Langjähriger Vertreter Tirols in der Bundesregierung war der Außenminister *Karl Gruber*. Im Wahlkampf 1953 hielt er im Zillertal eine Versammlung ab und erzählte vom neuen Finanzminister Professor Kamitz, den man wiederwählen müsse, weil er die Lohn-, die Einkommen- und noch zahlreiche andere Steuern senken werde. In der Debatte stand ein Bauer auf und sagte: „Herr Minister, dös ist sehr schön, was Sie von dem neuen Finanzminister erzählt haben, dem Kamitz oder wie er heißt, daß er alle Steuern senken wird. Aber was ham denn mir Bauern davon? Mir zahln ja kane Steuern ... !"

Besonders fröhlich ging es in der österreichischen Innenpolitik zu, wenn Niederösterreicher und Tiroler zusammentrafen. Als in einem Gespräch über die Bundespräsidentenwahlen der spätere „Olympiabürgermeister" Alois Lugger aus Innsbruck vorlaute Bemerkungen machte, maß ihn Julius Raab mit einem langen Blick und sagte: „Lugger, sei stad! Ihr Tiroler, mit eure paar Stimmen, ihr wählts nur die Zechn vom Bundespräsidenten." Daraufhin fragte der ebenfalls anwesende Landeshauptmann von Niederösterreich, Johannes Steinböck, was wohl sein großes Bundesland vom Bundespräsidenten wähle. Raab maß Steinböck, der gut und gerne 120 Kilogramm wog, ebenfalls mit einem langen Blick und meinte: „Wann du Kandidat wärst, Hannes, wähletens die Wampen ... !"

Bei Bundespräsidentenwahlen hat die Österreichische Volkspartei traditionellerweise Pech; seit 1945 ist es ihr noch nie gelungen, einen ihrer Kandidaten durchzubringen. Die Öffentlichkeit quittierte dieses Faktum mit der Scherzfrage: „Wann wird in Österreich ein Schwarzer Bundespräsident werden? Antwort: Wenn sich die Sozialistische Partei entschließt, einen Neger zu kandidieren."

Auch zur heiklen Frage der innerparteilichen Solidarität kursierte in Österreich eine Scherzfrage. Sie lautete: „Wie steigert man das Wort ‚Feind'? Antwort: Feind, Todfeind, Parteifreund."

In der österreichischen Nachkriegspolitik sprachen nicht nur die großen Parteiführer, sondern erst recht die kleinen Funktionäre die schlichte Sprache des Volkes. Mit Fremdwörtern kamen sie dabei nicht immer zurecht. Als der greise Nationalratspräsident Leopold Kunschak, einer der „grand old men" der österreichischen Demokratie, eine Versammlung in einem Wiener Bezirk mit seinem Besuch auszeichnete, wurde er vom Vorsitzenden mit den Worten willkommen geheißen: „Ganz besonders begrüße ich Herrn Präsidenten Kunschak, den Nestroy unserer Partei ..."

Ein anderer braver Bezirksfunktionär rief in einer Debatte über die leidige Frage der Parteifinanzen erbittert aus: „Es is wirklich a Schand – jeden Monat am Letzten der Casanovagang wegen dem Obus für die Partei!"

Weithin bekannt wurde auch ein überaus tüchtiger Abgeordneter des Bauernbundes aus Oberösterreich, der seine Versammlungsreden mit Einlagen wie der folgenden zu würzen pflegte: „Wißts, was a Konkordat is? Na, ös kennts es a net wissen, aber i waß's und drum sag i's euch. Konkordat is, daß der Herr Pfarrer net heiraten derf!"

Im Burgenland ist es ein weitverbreiteter Brauch, beim Abschied zu sagen: „Pfüat die Gott und bleib schön gsund." Worauf prompt einmal ein Bürgermeister eine bewegende Leichenrede am offenen Grab mit den Worten schloß: „Und nun lieber Freund: Pfüat die Gott und bleib schön gsund!"

Eine christlichdemokratische Partei gibt es nicht nur in Deutschland, Österreich und Italien, sondern auch in der Schweiz. Sie hatte in den Nachkriegsjahren ein eigenes Parteiorgan, das „Vaterland", das vom Generalsekretär der Christlichsozialen, dem Nationalrat Rosenberg, redigiert wurde. In der Schule, in die Rosenbergs kleiner Sohn ging, wurde eines Tages gefragt, welches die bedeutendste Schweizer Zeitung sei. Ein Schüler nannte die „Neue Zürcher Zeitung", ein anderer die „Tat" und Rosenberg junior pflichtgemäß das „Vaterland". Auf die Frage des Lehrers, warum es wohl die bedeutendste Schweizer Zeitung sei, antwortete der kleine Rosenberg: „Es ist die einzige Schweizer Zeitung, für die in der Kirche gebetet wird!"

Während das deutsche Volk dem Schicksal seiner Zweiteilung entgegenging und Österreich auf die Wiedererlangung seiner Freiheit durch Abschluß eines Staatsvertrages mit den vier Alliierten wartete, waren die Länder im Osten sogenannte Volksdemokratien geworden. In der Tschechoslowakei erhielt der Erzbischof von Prag, Kardinal *Josef Beran*, bald nach der kommunistischen Machtergreifung im Jahre 1948 den Besuch des Justizministers Alexander Repicka. Beran, der mehrere Jahre in deutschen Konzentrationslagern verbracht hatte, hörte die Forderungen des Ministers nach Unterwerfung unter das neue Regime schweigend an. Dann ging er zu einem Kasten, holte sein KZ-Gewand, das er aufbewahrt hatte, hervor und sagte nur zwei Worte: „Gehen wir."

In Polen kommentierte *Stanislaw Jerzy Lec* die neue Situation mit Aphorismen von apodiktischer Prägnanz: „Wehe den Diktatoren, die glauben, sie seien keine. – Auch wenn Bürger zittern, gibt es Risse in den Grundmauern des Staates. – Die Freiheit des Sklaven mißt man an der Länge seiner Kette."

In der DDR wurde viel geschult. In Bitterfeld hielt ein Parteiredner ein zweistündiges Referat über Marx und schloß mit den Worten: „Noch irgend etwas unklar?" Stand ein Genosse auf und meinte: „Ne gleene Frage hättch schon noch. Is der Marx nu eigendlich bewohnt oder nich . . . ?"

In Ungarn kursierten zwei Scherzfragen: „Warum streiken ungarische Arbeiter nicht? Weil niemand den Unterschied bemerken würde! Und warum arbeiten ungarische Arbeiter nicht? Aus Tradition, denn in Ungarn arbeitet die herrschende Klasse nie."

In Rumänien war es einem Professor der Bukarester Universität gelungen, die Erlaubnis zur Teilnahme an einer wissenschaftlichen Tagung in Paris zu erhalten. Nach der Rückkehr verkündete er linientreu: „Das kapitalistische System des Westens ist unerbittlich zum Tode verurteilt." Im vertrauten Kreis fügte er hinzu: „Und genau so möchte man sterben . . ."

In Bulgarien saß Giorgi Dimitroff spät am Abend zu Hause mit seiner Frau. Aus dem Lautsprecher erklang zum Abschluß des Tagesprogrammes die „Internationale". Da greift Frau Dimitroff nach der Hand ihres Mannes und sagt: „Giorgi, horch! Unser Lied!"

In Albanien wird die schöne Illiria Sekretärin im Zentralkomitee in Tirana. Befragt, wie es ihr ergehe, antwortete sie: „Wenn man bei Tag sagt, ‚Ja, Genosse' und am Abend ‚Nein, Genosse', ist es auszuhalten."

In Jugoslawien stand die Bevölkerung treu zu Tito, dem es im Jahre 1948 gelungen war, die sowjetische Hegemonie abzuschütteln und fortan einen blockfreien Kurs zu steuern. Bewundernd sagte der spätere ägyptische Staatschef *Gamal Nasser* über ihn: „Von Tito habe ich gelernt, wie man von zwei Seiten Hilfe bekommt, ohne sich für eine Seite zu entscheiden."

In Griechenland tobte der Bürgerkrieg zwischen den Regierungstruppen und den Kommunisten. Das Land wurde nicht kommunistisch, weil die Amerikaner auf Geheiß von Präsident *Truman* und in Verfolg der nach ihm benannten Doktrin massiv intervenierten. Truman war es gewohnt, mutige Entscheidungen zu treffen und sie, auch wenn sie unpopulär waren, in der Öffentlichkeit zu vertreten. So hatte er nach der Abberufung General MacArthurs, des legendären Helden des Zweiten Weltkrieges, aus Korea, erklärt: „Ich habe ihn entlassen, weil er die Autorität des Präsidenten nicht respektiert hat. Daß er außerdem ein dummer Hund ist, macht mir nichts. Das ist ja nicht gesetzeswidrig, denn andernfalls würden drei Viertel unserer Generäle im Gefängnis sitzen.“

Truman, der im Jahre 1948 den republikanischen Kandidaten Dewey knapp geschlagen hatte, weigerte sich 1952, abermals zu kandidieren. So fiel *Adlai Stevenson* die undankbare Aufgabe zu, als Kandidat der Demokraten gegen Dwight D. Eisenhower anzutreten. Stevenson führte den Wahlkampf, dessen Ausgang vorherzusehen war, mit viel Witz. Über die gegnerische Partei sagte er: „Ich bin bereit, mit den Republikanern ein Abkommen zu schließen. Wenn sie aufhören, Lügen über die Demokraten zu verbreiten, höre ich auf, die Wahrheit über die Republikaner zu sagen.“

Über die vielen Wahlversprechen der Republikaner sagte Stevenson: „Die Wähler werden es mit diesen Versprechungen so halten wie die Farmerstochter, die einen Heiratsantrag erhielt. Der Bewerber sagte ihr: ‚Heirate mich, und ich werde dein Haus anstreichen, Licht einleiten und dir außerdem einen Herd und einen Kühlschrank kaufen. Also, heiratest du mich jetzt?‘ Worauf die Farmerstochter sagte: ‚Liebling, ich mache dir einen Vorschlag: Du machst alles, was du eben versprochen hast, und dann kommst du, und fragst mich wieder.‘ “

Stevenson war ein typischer Intellektueller, der einer treffenden Pointe auch gegen besseres Wissen nicht widerstehen konnte. Bei den Journalisten machte er sich jedenfalls nicht beliebt, als er definierte: „Ein Redakteur ist ein Mann, der die Spreu vom Weizen sondert, und dann die Spreu druckt . . .“

Mit dem Wahlsieg Eisenhowers und der achtjährigen Herrschaft der Republikaner begann auch die große Zeit des Senators Joseph McCarthy, des „Hexenjägers“ aus Wisconsin. Eine Welle von Verdächtigungen ging durch Amerika. Auch die Filmschauspielerin Lucille Ball wurde beschuldigt, Kommunistin zu sein. Ihr damaliger Mann, *Desi Arnaz*, verteidigte sie auf einer Pressekonferenz mit den Worten: „Da ich mit Lucille seit dreizehn Jahren verheiratet bin, kann ich bezeugen: Das einzige Rote an ihr sind ihre Haare. Und die sind nicht echt!“

Paulette Goddard, die ehemalige Gattin Charlie Chaplins und spätere Frau Erich Maria Remarques, brauchte keinen Verteidiger. Sie vertrat ihre politische Unschuld mit Temperament und rief einem Journalisten, der Verdächtigungen gegen sie vorbrachte, zu: „Wenn Sie noch einmal Kommunistin zu mir sagen, haue ich Ihnen mit meinem Brillanthalsband auf den Kopf!“

Im Jahre 1954 war es endlich so weit, daß der amerikanische Senat McCarthy verurteilte. In der Debatte über den Tadelsantrag charakterisierte der Senator *Samuel Ervin* aus North Carolina seine Methoden mit folgender Geschichte: „Bei uns zu Hause in North Carolina hat ein alter Rechtsanwalt einem jungen Kollegen den Rat gegeben: ‚Wenn in einem Prozeß die Zeugenaussagen gegen dich sind, dann sprich über die Rechtslage. Ist die Rechtslage gegen dich, dann sprich über die Zeugenaussagen. Und sind die Zeugenaussagen und die Rechtslage gegen dich, dann beginn zu schimpfen. Das wird die Aufmerksamkeit des Gerichtes von der Schwäche deiner Sache ablenken.‘ Genau das“, so schloß Ervin seine Erzählung, „ist es, was Senator McCarthy macht.“

Das Jahr 1955 brachte eine wichtige Zäsur in der Nachkriegsgeschichte. Im April flog eine österreichische Regierungsdelegation nach Moskau und brachte eine Einigung über den Staatsvertrag heim, am 5. Mai wurde die Bundesrepublik Deutschland in die NATO aufgenommen, am 14. Mai wurde der Warschauer Pakt, das Militärbündnis des Ostens, abgeschlossen, und im September flog Bundeskanzler Adenauer nach Moskau. Die Bundesrepublik nahm die diplomatischen Beziehungen mit der Sowjetunion auf, verkündete aber gleichzeitig, daß es die Beziehungen mit allen Staaten abbrechen würde, die sich zu einer Anerkennung der DDR bereit fänden. Nachdenklich kommentierte der sowjetische Außenminister *Andrej Gromyko* Jahre später die Entwicklung mit den Worten: „Wir haben Deutschland geteilt, weil wir kein starkes Deutschland wollten. Und das Ergebnis? Jetzt haben wir zwei starke Deutschland . . .“

KAPITEL VII

Die Friseure sind unser Schicksal

oder

DIE TÜCKEN DER TELEKRATIE
1955—heute

„Das Fernsehen hat die Welt zu einem elektronischen Dorf gemacht."

Marshall McLuhan, 1965

In der Mitte der fünfziger Jahre erhielt das Fernsehen, das in Amerika schon lange die Szene beherrschte, auch in Europa zunehmende Bedeutung. Was das für die Politiker bedeutete, hat *Hermann Dufhues,* der einige Zeit Geschäftsführender Bundesobmann der CDU war, auf eine einfache Formel gebracht: „Die Fotogenen und die Friseure, sie sind unser Schicksal . . .“

Ein prominenter Vertreter des Show-Geschäftes war ähnlicher Ansicht. Der französische Komiker *Jacques Tati* meinte: „Man glaubt gar nicht, wie viele Menschen sich über die unpassende Krawatte eines Fernsehsprechers mehr aufregen als über die falschen Zahlen des Finanzministers.“

Eine drastische Formulierung für den Effekt des Fernsehens fand der deutsche Kabarettist *Dieter Hildebrandt,* als er meinte: „Die Bildröhre ist das Präservativ der Realität.“

Genaugenommen hat das Fernsehen die Politiker gar nicht vor eine neue Situation gestellt. Es hat lediglich eine Erkenntnis unterstrichen, die der Engländer *John Morley* bereits vor hundert Jahren in die Worte gekleidet hat: „Bei einer Rede kommt es auf drei Faktoren an: Wer spricht, wie er spricht und was er spricht und von diesen drei Faktoren ist der dritte der unwichtigste.“

Die politischen Parteien erkannten bald die ungeheure Bedeutung des neuen Mediums und kämpften um Macht und Einfluß in den Rundfunkanstalten. Österreichs Bundeskanzler *Julius Raab* schilderte das

Ergebnis solcher Kämpfe mit den Worten: „Proporz is, wann i ins Rundfunkgebäude kumm und auf amal überall statt aner Hand zwa Händ' schütteln muaß."

Je mehr Einfluß die Politiker auf die Medien zu nehmen versuchten, desto weniger waren sie mit ihnen zufrieden. Der Wiener Abgeordnete *Otto Mitterer*, der später Handelsminister wurde und wegen seines Eintretens für die kleinen Kaufleute der „Greißlerpapst" genannt wurde, kritisierte: „Wirtschaftstreibender in Österreich sein, heißt: zum Frühstück die Preiskontrolle, zu Mittag die Steuerfahndung und am Abend die Unternehmerbeschimpfung im Fernsehen."

Die Medien setzten sich gegen die Kritik zur Wehr. Unbestritten war zum Beispiel, daß das Fernsehen wesentlich zum Abgang Senator *McCarthys* beigetragen hatte. Sobald die Sitzungen des von ihm geleiteten Untersuchungsausschusses live übertragen wurden, erhob sich in der Öffentlichkeit ein Sturm der Entrüstung gegen seine Methoden, die schließlich den Sturz des „Hexenjägers" herbeiführten. Der bekannte amerikanische Fernsehkommentator Edward Murrow meinte dazu: „Es ist möglich, daß das Fernsehen den Aufstieg eines Diktators bewirken kann. Wir haben jetzt einmal bewiesen, daß es zum Untergang eines Demagogen führen kann . . ."

Nicht immer glückte die Verteidigung der Medien. Als David Sarnoff, einer der Pioniere der amerikanischen Fernsehindustrie, ein Ehrendoktorat der Universität Notre Dame erhielt, sagte er in seiner Dankansprache: „Das Fernsehen an sich ist weder gut noch schlecht. Gut oder schlecht ist lediglich der Gebrauch, der von ihm gemacht wird." Worauf ihm Professor *Marshall McLuhan*, der bekannte Medientheoretiker, erwiderte: „Das kommt mir so vor, wie wenn jemand sagt: Apfelkuchen und Pockenbazillen sind an und für sich weder schlecht noch gut. Schlecht oder gut ist lediglich der Gebrauch, den wir von ihnen machen."

Die Medien hatten es in keinem Fall leicht. Nahmen sie einseitig Stellung, wurden sie kritisiert, und bemühten sie sich um eine ausgewogene Stellungnahme, wurden sie ironisiert. So hat ein Leserbriefschreiber namens Molitor aus Würzburg einmal im „Spiegel" die bekannt vorsichtige Schreibweise der „Frankfurter Allgemeinen Zeitung" folgendermaßen karikiert: „So würde wohl die ‚Frankfurter Allgemeine' den Tod von Jesus Christus gemeldet haben: ‚In Jerusalem wurde ein gewisser Jesus hingerichtet, der als Wanderprediger eine Schar von Anhängern um sich versammelt und dessen Auftauchen in der Hauptstadt zu Unruhen geführt hatte. Wenn auch zugegeben werden muß, daß gewisse Lehren dieses Mannes hohe ethische Gesinnungen offenbarten, so darf doch andererseits nicht übersehen werden, daß die hohepriesterliche Partei gezwungen war, im Interesse der jüdischen Religion und des Friedens die Bestrafung dieses Mannes zu fordern. Der kaiserliche Prokurator, Pontius Pilatus, hätte die Hinrichtung, wenn schon nicht den ganzen Prozeß verhindern können, doch ist zu bedenken, daß seine Stellung ihm nicht erlaubte, in einer religiösen Frage Partei zu ergreifen. Mit dem Tode des Sektierers dürfte auch die von ihm ins Leben gerufene Bewegung sich wieder auflösen, obwohl andererseits gewisse Anzeichen zu erkennen geben, daß manche Anhänger nicht gewillt scheinen, auf die Propagierung seiner Lehren, zumindest in den Ländern außerhalb Palästinas, zu verzichten.' "

Nicht nur neue Medien, sondern auch neue Männer beherrschten die politische Szene der fünfziger Jahre. Auf Winston Churchill war dessen langjähriger Kronprinz Anthony Eden gefolgt. Aber der neue Premierminister hatte Pech. Zusammen mit den Franzosen ließ er sich im Herbst 1956 auf das Abenteuer der Besetzung des Suezkanals ein, dessen Scheitern zu seinem Rücktritt führte. Das leidvolle Schicksal von Politikerfrauen brachte *Lady Clarissa Eden* damals in dem Stoßseufzer zum Ausdruck: „In den letzten paar Wochen habe ich den Eindruck gehabt, daß der Suezkanal mitten durch unser Wohnzimmer fließt."

Edens Nachfolger wurde *Harold MacMillan,* der aussah wie ein Relikt aus der viktorianischen Zeit, sein Metier aber so souverän beherrschte, daß man ihn bald „Super Mac" nannte. MacMillan war ein Meister in der Kunst der Vereinfachung. In Oxford wurde er von Studenten in einer Diskussion gebeten, zu definieren, was ein Konservativer sei. MacMillan sagte: „Eine Herde von Schweinen lagerte auf einem Hügel am Rande eines Sees. Da zog ein Gewitter mit Donner und Blitz auf. Von panischer Angst getrieben, rannten die Schweine den Hügel hinab, stürzten in den See und ertranken. Nur ein Schwein blieb gelassen auf dem Hügel liegen und überlebte. Das war ein Konservativer."

MacMillans Sohn Maurice, der konservativer Abgeordneter des Wahlkreises Halifax war, hatte die Politik der Regierung und damit seines Vaters in einem Leserbrief an die „Times" kritisiert. Als MacMillan deswegen im Unterhaus interpelliert wurde, antwortete er: „Die Ausführungen des ehrenwerten Mitgliedes für Halifax beweisen, daß er ein unabhängiges Urteilsvermögen besitzt, was zumeist ein Zeichen hoher Intelligenz ist. Es ist nicht meine Aufgabe, zu untersuchen, von wem er diese Eigenschaften hat ..."

Als Außenminister hatte sich MacMillan *Sir Alec Douglas-Home* in sein Kabinett geholt. Der weithin unbekannt gewesene Politiker machte seine Sache so gut, daß er schließlich MacMillans Nachfolger als Premierminister wurde. Auch Douglas-Home war ein Meister der Vereinfachung und des Understatements. Seine Aufgabe definierte er einmal mit den Worten: „Der englische Premierminister ist ständig mit zwei Arten von Problemen konfrontiert: mit politischen Problemen, die man nicht lösen kann, und mit wirtschaftlichen Problemen, die man nicht einmal verstehen kann."

Harold Wilson, der als Nachfolger Hugh Gaitskells Vorsitzender der Labour Party wurde, hatte in seiner Jugend dem radikalen Flügel der Partei angehört. Gegen den Vorwurf der Konservativen, er sei noch immer ein extremer Linker, wandte er sich in überzeugender Weise. „Ich habe", erklärte Wilson, „niemals ‚Das Kapital' von Karl Marx gelesen. Ich habe es zwar begonnen, bin aber nur bis Seite zwei gekommen, und zwar bis zu der Stelle, wo eine Fußnote fast eine ganze Seite lang ist. Da habe ich aufgehört zu lesen. Zwei Sätze Text und eine Seite Anmerkungen – das war mir zuviel."

Wilson verstand es mit viel Geschick, die verschiedenen Fraktionen zu einer einheitlichen Partei zu vereinigen und erklärte seinen Führungsstil mit den Worten: „Die Labour Party gleicht einem Autobus. Fährt man so schnell, daß die Mitfahrer entweder begeistert oder verängstigt sind, ist alles in Ordnung. Nur wenn man stehen bleibt, fallen alle über den Fahrer her."

Bevor Wilson noch Premierminister wurde, hatte er sich bereits so großes Ansehen erworben, daß man seine Meinung hören wollte und seinem Rat folgte. Zahlreiche ausländische Staatsmänner luden Wilson zu Gesprächen ein, und so reiste der Oppositionsführer in Europa umher, als sei er bereits Regierungschef. Einer seiner Mitarbeiter meinte dazu: „Harold konsumiert die Flitterwochen, ehe die Hochzeit stattgefunden hat."

Die Hochzeit wurde nachgeholt; die Labour Party gewann die Wahl, und Wilson wurde Premierminister. Ein Mitglied des konservativen Parteivorstandes kommentierte den Szenenwechsel gelassen mit den Worten: „Unser Parteiensystem ist eine Sanduhr. Wenn sie abgelaufen ist, wird sie umgedreht."

Die Zeitlosigkeit der britischen Politik findet ihren Ausdruck in einem Zitat, das eingerahmt im Vorzimmer des Chancellors of the Exchequers im Finanzministerium hängt: „Freunde und Nachbarn, die Steuern sind tatsächlich sehr hoch, und wenn jene, die uns von der Regierung auferlegt werden, die einzigen wären, die wir bezahlen müßten, könnten wir uns ihrer sehr viel leichter entledigen. Wir haben jedoch noch viele andere, die für einige von uns noch sehr viel schmerzlicher sind. Zweimal so hoch werden wir von der Trägheit besteuert, dreimal soviel von unserem Stolz und viermal soviel von unserer Dummheit. Und diese Steuern können uns die Steuereinnehmer weder teilweise noch ganz erlassen. Benjamin Franklin, 1758."

Der bedeutendste Szenenwechsel der fünfziger Jahre fand in Moskau statt, wo sich nach einigen Machtkämpfen *Nikita Chruschtschow* als Nachfolger Stalins etablierte. Eines der bemerkenswertesten Kennzeichen der neuen Ära war, daß erstmals nicht nur über den Kreml, sondern auch im Kreml Witze gemacht wurden. Chruschtschow fand großen Gefallen daran, westlichen Diplomaten folgende Geschichte zu erzählen: „Im Kreml läuft ein Mann herum und ruft: ‚Chruschtschow ist ein Wahnsinniger!' Er wird verhaftet und zu 23 Jahren Zwangsarbeit verurteilt – zu drei Jahren wegen Beleidigung des Parteisekretärs und zu zwanzig Jahren wegen Verrats eines Staatsgeheimnisses."

Annähernd zur gleichen Zeit berichtete „Der Spiegel", daß niemand geringerer als der Stellvertretende Ministerpräsident *Anastas Mikojan* anläßlich eines Aufenthaltes zur Messezeit in Leipzig damit begann, westliche Besucher mit den Geheimnissen von Radio Jerewan vertraut zu machen. Eines der ersten der berühmten Frage-und-Antwort-Spiele, dem bald hunderte folgten, lautete: „Frage an Radio Jerewan: Können Wanzen Revolution machen? Antwort: Im Prinzip ja, denn in ihnen fließt das Blut der Bauern und Arbeiter."

Anders als Stalin reiste Chruschtschow oft und gerne ins Ausland und nützte seine Besuche nicht nur zu offiziellen Beratungen, sondern auch zu leutseligen Gesprächen. Als er in London ankam, erkundigte er sich auf dem Flugplatz nach der wöchentlichen Arbeitszeit der Beschäftigten. „34 Stunden", war die Antwort. „Auf dem Moskauer Flugplatz wird 64 Stunden gearbeitet", sagte Chruschtschow. „Das ginge bei uns nicht", belehrte man ihn. „Dazu haben wir zu viele Kommunisten unter dem Personal."

Was sich in der Sowjetunion bestenfalls im Detail, nicht aber im Grundsatz geändert hatte, war der Personenkult. Nach einer Rede Chruschtschows vor dem Obersten Sowjet machte sich das amerikanische Nachrichtenmagazin „Time" die Mühe, an Hand der Wiedergabe in der „Prawda" die Beifallskundgebungen zu zählen. Die Bilanz sah so aus: „Applaus – vierzehnmal, stürmischer Applaus – zwanzigmal, stürmischer und anhaltender Applaus – fünfzehnmal, starke Bewegung im Saal – elfmal, herzliches Lachen – dreimal, Ovationen – einmal, alles erhebt sich – zweimal."

Der bedeutendste Szenenwechsel in der westlichen Welt fand im Jahre 1958 statt, als die vierte französische Republik unterging und *Charles de Gaulle* an die Spitze des Staates trat. Bald nach seiner Amtsübernahme gab ein hoher Beamter, mit dessen Vorschlägen de Gaulle nicht einverstanden war, zu bedenken: „Aber Herr General, alle Ihre Vorgänger . . ." „Mein Herr", unterbrach ihn de Gaulle, „ich habe keine Vorgänger!"

Von souveräner Verachtung der Details war de Gaulle vor allem dann, wenn es um wirtschaftliche Fragen ging. Als Antoine Pinay, der im Kabinett das Finanzressort verwaltete, den Versuch machte, über das Budget zu berichten, schnitt ihm der General das Wort mit der Bemerkung ab: „Wie ich sagte, Sie sind mein Finanzminister . . ."

De Gaulle hielt sich, wenn er nicht in Paris residierte, auf seinem Landsitz in Colombey-les-deux-Eglises auf. Als in der Hauptstadt einmal darüber diskutiert wurde, warum es in einem so kleinen Ort eigentlich zwei Kirchen gebe, meinte ein britischer

Diplomat: „Ich nehme an, in der anderen wird Gott verehrt."

Die Gottähnlichkeit de Gaulles war die nie versiegende Quelle von Scherzen. So erzählte man sich, Madame de Gaulle habe das Badezimmer im Elysee-Palast betreten, das sie leer wähnte, dort aber ihren Mann unter der Dusche angetroffen und in ihrer Überraschung ausgerufen: „Mein Gott!" Würdevoll habe ihr der General entgegnet: „Meine Liebe, zu Hause, unter vier Augen, kannst du Charles zu mir sagen!"

Gemeinsam mit Konrad Adenauer schuf de Gaulle das große Werk der deutsch-französischen Verständigung. Erster Höhepunkt dieser Aussöhnung war der Staatsbesuch des Generals in der Bundesrepublik, nach dem ein hoher Beamter in Bonn sagte: „De Gaulle ist geradezu Napoleon der Fünfte." „Wieso der Fünfte?" fragte man ihn. „Einen Vierten gab es ja gar nicht." „Der Mann ist so groß", replizierte der Beamte, „der reicht für zwei Nummern!"

Betrübliche Begleiterscheinungen der Politik des Generals waren das Erstarken des Nationalismus, die Träume von einer europäischen Hegemonie und der daraus resultierende Gegensatz zu den Vereinigten Staaten. Einer der bissigsten antiamerikanischen Aussprüche, die damals in Paris zirkulierten, stammte von *Roger Vailland* und lautete: „Natürlich war Columbus nicht der erste, der Amerika entdeckte. Er war nur der erste, der sich dessen gerühmt hat!"

Georges Pompidou, der Ministerpräsident des Generals, bemühte sich, die Gegensätze zu mildern. Vor dem Amerikanischen Club in Paris hielt er eine Ansprache, in der er sagte: „Als Aristokrat gewann er das Vertrauen des Volkes. Als brillanter Soldat kämpfte er für die Wiederherstellung des Friedens. Als Verkörperung des nationalen Widerstandes wollte er die nationale Teilung durch nationale Einigkeit überwinden. Er war erfolgreich in der Errichtung einer stabilen Staatsform. Er war das Symbol nationaler Unabhängigkeit... Glauben Sie nicht, daß ich von General de Gaulle spreche. Ich meine George Washington!"

De Gaulles Politik war letzten Endes nur der vergebliche Versuch, sich gegen die Tatsache aufzulehnen, daß die Weltpolitik längst von den Supermächten bestimmt wurde. Belgiens Ministerpräsident Theo Lefèvre war ehrlich genug, dieses Faktum anzuerkennen, als er sagte: „Es gibt heutzutage in Europa nur mehr kleine Länder. Solche, die es wissen, und solche, die es noch nicht wissen!"

Ruhende Pole in der Flucht der Erscheinungen waren *Julius Raab,* der acht Jahre lang österreichischer, und Konrad Adenauer, der vierzehn Jahre lang deutscher Bundeskanzler blieb. Nach den Wahlen des Jahres 1956, bei denen die Österreichische Volkspartei die absolute Mehrheit nur um ein Mandat verfehlte, war Raabs Position unbestrittener denn je. Bei den Regierungsverhandlungen ging es unter anderem darum, die verstaatlichten Betriebe, die bisher einem sozialistischen Minister unterstanden waren, der Gesamtregierung zu unterstellen. Raab sagte dazu: „Und an die Spitze vom Aufsichtsrat g'hört a wirklich angesehene, objektive Persönlichkeit, die über den Parteien steht." „Ausgezeichnet", meinte der Vorsitzende der sozialistischen Parlamentsfraktion, Bruno Pittermann, „und haben S' a scho an Kandidaten, Herr Bundeskanzler?" „Natürli", antwortete Raab. „Mich!"

Bei den Regierungsverhandlungen 1956 wurden in der Presse unzählige Kombinationen über die Aufteilung der Kompetenzen und die Besetzung der Ressorts angestellt. „Stellt's euch vor", erzählte Bruno Pittermann in einer Verhandlungspause, „heut hams fünf innenpolitische Redakteure mit bandagierten Händen ins Spital eingeliefert." „Ja, wieso denn?" fragte man. „Sämtliche Finger, aus denen sie sich was saugen könnten, san wund", antwortete Pittermann.

Raab gab ein Beispiel seines souveränen Regierungsstils, als er im September 1956 den bisherigen Staatssekretär Fritz Bock zum Handelsminister machte. Bock erfuhr die Ernennung aus den Rundfunknachrichten. Er rief daraufhin den Bundeskanzler an, bedankte sich und meinte schließlich, daß man ihn immerhin vorher fragen hätte können. „Häst na gsagt?" meinte daraufhin Raab. „Nein hätte ich natürlich nicht gesagt", gab Bock zu. „Na also", sagte Raab, „warum hätt i di dann fragen sollen ...?"

In den letzten Jahren seiner Regierungstätigkeit begegnete Julius Raab Josef Taus, der Jahre danach Bundesparteiobmann der ÖVP und damit einer der Nachfolger Raabs wurde. Der junge Taus, der sich damals gerade seine ersten politischen Sporen als Ghostwriter verdiente, benützte die Gelegenheit, um dem Kanzler ausführlich seine wirtschafts- und sozialpolitischen Vorstellungen vorzutragen. Raab hörte ihm schweigend zu und sagte am Schluß freundlich: „Über ans bin i froh. Mit dir wer i mi nimmer streiten müssen ..."

Die Tatsache, daß auch in Österreich die christlichen Demokraten den Bundeskanzler stellten, änderte nichts daran, daß *Konrad Adenauer* dem Nachbarland mit Reserve gegenüberstand. Unmittelbar nach 1945 hatte Österreich erklärt, es verlange Wiedergutmachung für die Verluste und Schäden, die es im Gefolge des Anschlusses vom März 1938 erlitten habe. Als Konrad Adenauer davon erfuhr, meinte er: „Wiedergutmachung wollen sie? Die Gebeine vom Hitler können wir ausgraben und den Österreichern schicken!"

Adenauer kam schließlich zu einem Staatsbesuch nach Österreich. Bei der Landung in Schwechat hatte er sich nicht angeschnallt und in einer zu steilen Kurve des Flugzeuges das Gleichgewicht verloren, so daß er mit dem Kopf gegen die Decke schlug und eine stark blutende Platzwunde davontrug. Über Funk wurde die auf dem Flugplatz wartende österreichische Bundesregierung verständigt, daß sich die Landung etwas verzögern werde, weil man dem deutschen Bundeskanzler schnell einen Verband anlegen müsse. Als Adenauer schließlich mit bandagiertem Kopf dem Flugzeug entstieg, konnte er sich nicht enthalten, zu seinem österreichischen Amtskollegen Julius Raab zu sagen: „Als der Hitler kam, ging es unblutiger zu."

Die physische und politische Langlebigkeit Konrad Adenauers war eine unerschöpfliche Quelle von Scherzen aller Art. Der CDU-Bundestagsabgeordnete Aloys Lenz kehrte von einer Nordafrikareise nach Bonn zurück und berichtete dem Bundeskanzler: „In Marokko habe ich einen Scheich kennengelernt, der ist 105 Jahre alt und regiert noch immer." „Was wollen Sie damit sagen?" fragte Adenauer. „Wenn Sie erlauben, Herr Bundeskanzler", antwortete Lenz, „genau das, was Sie soeben gedacht haben."

Eine schöne Formulierung für die Bedeutung Konrad Adenauers hat Rüdiger Altmann gefunden. „Man kann sich“, meinte er, „allmählich die Bundesrepublik ohne Adenauer ebensowenig vorstellen wie früher einen Film über Friedrich den Großen ohne Otto Gebühr.“

So selbstverständlich erschien es, daß die CDU unter Adenauer in der Bundesrepublik regierte, daß für den Wahlkampf 1961 der Slogan vorgeschlagen wurde: „Wenn morgen früh die Sonne lacht, dann hat's die CDU gemacht.“

Aber am Beginn der sechziger Jahre begann langsam innerhalb der SPD jener Wandel einzusetzen, der sie aus der jahrelangen Opposition auf dem Weg über die Teilnahme an einer großen Koalition schließlich zur Regierungsmehrheit führte. Eines der äußeren Anzeichen dieses Wandels war die Änderung der Haltung in der Frage der deutschen Wiederbewaffnung, über die man in Bonn spottete: „Unter Schumacher und Ollenhauer lautete die Parole der SPD: ‚Nie wieder Krieg!‘ und ‚Ohne uns!‘ Unter Willy Brandt lautet sie jetzt: ‚Nie wieder Krieg ohne uns!‘ “

Die SPD bereitete sich auf den Wahlkampf 1961 auf einem Parteitag vor, dessen Parole in großen Lettern auf der Stirnseite des Tagungsraumes prangte: „Wer rastet, der rostet!“ Die Intellektuellen der Partei veredelten diese Worte zu dem Ausspruch: „Wer pausiert, der oxydiert!“

Willy Brandt, der Regierende Bürgermeister von Berlin, führte den Wahlkampf mit großem persönlichen Einsatz. Er fuhr im offenen Mercedes durch die Lande und hielt zahlreiche Versammlungen unter freiem Himmel. In der rheinhessischen Gemeinde Planig wurde er von der Ortskapelle mit dem Badenweiler-Marsch empfangen. Worauf ein altes Mütterchen, das sich mit der Menge um den Wagen des Parteivorsitzenden drängte, meinte: „Das ist ja fast wie beim Führer, nur kam man da nicht so nah ran!"

Der Wahlkampf 1961 wurde durch die Errichtung der Berliner Mauer am 13. August überschattet. Adenauer begab sich zunächst nicht nach Berlin, sondern setzte seine Wahlreise wie vorgesehen fort. Als er eine Versammlung in Bremervörde hielt, wurde er durch einen Zwischenruf unterbrochen: „Der Kanzler gehört nach Berlin!" Adenauer erwiderte: „Der Kanzler gehört in dieser angespannten Situation dort hin, wo die Fäden der Politik zusammenlaufen!" Darauf abermals der Zwischenrufer: „Also nicht nach Bremervörde!"

Adenauer war an Widerspruch gewöhnt. Nach der Rückkehr von einer Weltreise über 20.000 Kilometer erklärte er vor dem Bundestag: „Im japanischen Parlament bin ich mit Beifall empfangen worden, auch von der Opposition. Ich kam mir ganz fremdartig vor."

Bei einem Essen, an dem auch der evangelische Bischof Lilje teilnahm, erzählte Konrad Adenauer: „Bei meinem letzten Besuch in Rom hat mich der Heilige Vater gefragt, wen ich für den besten Bischof in Deutschland halte. Ich habe mit der Antwort sehr lange gezögert, worauf der Heilige Vater gesagt hat: ‚Ich glaube, der Bischof Lilje.'" Daraufhin stand Lilje auf und erklärte in einer improvisierten Tischrede, diese Äußerung des Oberhauptes der Katholiken beeindrucke ihn sehr und fügte hinzu: „Jetzt glaube ich an die Unfehlbarkeit des Papstes." Bald darauf weilte Adenauer neuerlich zu einem Besuch in Rom und erklärte nach seiner Rückkehr: „Ich habe dem Heiligen Vater erzählt, was Lilje gesagt hat. Er hat daraufhin gemeint: ‚Da müßten wir den Lilje eigentlich nach Rom holen, damit es hier wenigstens einen Bischof gibt, der an die Unfehlbarkeit des Papstes glaubt.' "

Adenauer war ein frommer Mann. So fromm, daß er sich auch Auseinandersetzungen mit hohen Kirchenfürsten leisten konnte. Als er einmal dem Erzbischof von Köln, Kardinal Frings, eine Maßnahme der Bundesregierung erläuterte, erklärte ihm der Kardinal: „Dazu kann die Kirche nicht ja sagen." „Die Kirche", erwiderte Adenauer ungerührt, „soll weder ja noch nein, sondern amen sagen."

Die Wahl John Kennedys zum amerikanischen Präsidenten im Jahre 1960 war ein schwerer Schlag für Adenauer. Der Bundeskanzler hatte fest mit einem Wahlsieg Richard Nixons gerechnet, den er als langjährigen Vizepräsidenten Eisenhowers gut kannte. Vergeblich versuchte ihn seine Umgebung mit dem Hinweis zu trösten: „Aber Kennedy ist doch katholisch, Herr Bundeskanzler." „Der Frings ist auch katholisch", gab Adenauer mürrisch zurück.

John F. Kennedy griff im Wahlkampf die Republikaner an, wo er konnte. Über Eisenhowers Wirtschaftspolitik sagte er: „Wenn ich den Präsidenten richtig verstehe, so befinden wir uns jetzt am Ende des Beginnes der Aufwärtsentwicklung der Abwärtsentwicklung. Die Aussagen des Weißen Hauses über unsere Wirtschaftslage erinnern mich an den Polizisten, der sich über die Leiche des Ermordeten beugt und sagt: ‚Zwei Wunden sind leider tödlich, aber die dritte ist Gott sei Dank nicht so schlimm!'"

Zum Justizminister ernannte Kennedy seinen Bruder Robert, obwohl er sich darüber im klaren war, daß er damit keine sehr populäre Maßnahme setzte. Befragt, wie er die Ernennung bekanntgeben werde, antwortete Kennedy: „Ich glaube, ich werde um zwei Uhr früh die Haustür aufmachen, die Straße hinauf- und hinunterblicken und wenn ich weit und breit niemanden sehe, werde ich flüstern: ‚Bobby wird Minister!' "

Auch Willy Brandt lernte den Familienclan, der den Präsidenten umgab, kennen. Als Robert Kennedy mit seinem Bruder Edward, der damals noch nicht Senator war, nach Berlin kam, brachte Brandt, in seiner Eigenschaft als Regierender Bürgermeister, bei einem Abendessen einen Trinkspruch aus: „Auf den Präsidenten, die Regierung und das Volk der Vereinigten Staaten!" Daraufhin rief Robert Kennedy fröhlich: „Das sind wir drei: Der Präsident, das ist John, die Regierung, das bin ich, und das Volk, das bist du, Teddy!"

Die erste große Niederlage, die Kennedy als Präsident erlitt, war der verunglückte Versuch, auf Kuba zu landen. Das „Debakel von der Schweinebucht", wie es nach dem Landungsplatz genannt wurde, hatte schwere Mängel des amerikanischen Geheimdienstes und der militärischen Berater des Präsidenten enthüllt. Für Kennedy war es ein geringer Trost, daß ihm der ehemalige Außenminister Dean Acheson, der gerade von einem Besuch in Deutschland zurückgekehrt war, erklärte: „Ich habe mit Bundeskanzler Adenauer gesprochen, der mir sagte: ‚Angesichts der Tatsache, daß der liebe Gott der menschlichen Intelligenz Grenzen gesetzt hat, ist es eigentlich sehr ungerecht, daß er nicht auch die menschliche Dummheit begrenzt hat!' "

Nicht nur Kennedy, sondern auch seine Mitarbeiter erlebten Enttäuschungen. *Chester Bowles,* der eine hochbezahlte Stellung in der Privatwirtschaft aufgegeben hatte, um Unterstaatssekretär im Außenamt zu werden, resignierte bald und zog sich als Botschafter nach Indien zurück. Nach seinen Erfahrungen im Umgang mit der Bürokratie befragt, gab er zur Antwort: „Wer den Beamten eine Neuerung beibringen will, gleicht einem Mann, der eine große Matratze eine schmale und steile Wendeltreppe hinauftragen muß. Das ist bekanntlich sehr schwierig. Allerdings muß man zugeben, daß sie genauso schwer wieder hinunterzubringen ist . . ."

Mit den Enttäuschungen kam auch die Kritik. Als man Präsident Kennedy fragte, ob er Zeit zur Lektüre der Zeitungen finde, antwortete er: „Ich lese immer mehr und genieße es immer weniger."

Trotzdem resignierte Kennedy nicht. Fast alle Präsidenten vor ihm hatten sich über die Bürde ihres Amtes beklagt. George Washington hatte erklärt, „er fühle sich wie ein armer Sünder, der zur Hinrichtung geht". Thomas Jefferson nannte die Präsidentschaft ein „glänzendes Elend", und Harry Truman nannte das Weiße Haus das „schönste Gefängnis im Lande". Kennedy sagte dagegen über sein Amt: „Ich habe eine nette Wohnung, das Büro ist gleich in der Nähe, und die Bezahlung ist nicht schlecht."

Wie viele gute Redner verwendete Kennedy gerne Aussprüche anderer guter Redner. Zu seinem Rüstzeug gehörte ein Notizbuch, in dem er Zitate wie die folgenden aufgeschrieben hatte: „Aeschylos: ‚Im Krieg ist die Wahrheit das erste Opfer'; Dante: ‚Der heißeste Platz in der Hölle ist für jene vorgesehen, die in Zeiten der Krise neutral bleiben'; Gilbert Chesterton: ‚Reiße niemals einen Zaun nieder, ohne gefragt zu haben, warum er errichtet wurde'; indisches Sprichwort: ‚Ich klagte, daß ich keine Schuhe habe, bis ich einen Mann traf, der keine Füße hatte ...' "

Konrad Adenauer mußte sich nicht lange mit John Kennedy, an den er sich nicht nur wegen des großen Altersunterschiedes nur schwer gewöhnen konnte, auseinandersetzen. Im Oktober 1963 trat er nach vierzehnjähriger Kanzlerschaft zurück, und Ludwig Erhard wurde endlich Bundeskanzler. Bald darauf erschien in der „Frankfurter Allgemeinen Zeitung" ein mit Konrad Adenauer unterzeichneter Leserbrief, der allgemein als Kritik an Erhard gewertet wurde. Konrad Adenauer hielt daraufhin eine Pressekonferenz, deren stenographisches Protokoll sich so las: „Nun komme ich zu mir. Es ist ja an sich keine wichtige Sache, aber es ist doch wirklich bezeichnend. Ich habe einen Sohn, der meinen Namen trägt. (Lachen). Damit will ich nicht sagen, daß ich Söhne habe, die nicht meinen Namen tragen. (Schallende Heiterkeit). Aber er hat auch meinen Vornamen, meine Damen und Herren, damit Sie auch das wissen. Er geht also hin und schreibt einen Leserbrief an die Frankfurter Zeitung. Und darin schreibt er von den Richtlinien der Politik. Was machen die Zeitungen hieraus? Erstens übersehen sie, daß er unterschrieben hat ‚Dr. Konrad Adenauer, Köln'. Ich würde unterschreiben ‚Dr. Konrad Adenauer, Rhöndorf oder Bonn'. Ich würde auch, das soll mir die Frankfurter Zeitung nicht übelnehmen, keinen Leserbrief schreiben. (Große Heiterkeit). Ich muß Ihnen sagen, mein Sohn hat mich nicht vorher gefragt. Ich stehe aber allgemein auf dem Standpunkt, daß man seine Kinder möglichst frei laufen lassen soll. (Große Heiterkeit)."

Als Bundeswirtschaftsminister und „Vater des Wirtschaftswunders“ war *Ludwig Erhard* jahrelang die Wahlkampflokomotive der CDU gewesen. So hatte nach den Bundestagswahlen 1961 Ministerialrat Carl Hohmann vom Ministerbüro vor der Presse referiert: „Der Herr Bundesminister hat im Wahlkampf insgesamt 20.000 Kilometer zurückgelegt, und zwar 13.456 per Eisenbahn, 2140 mit dem Flugzeug, 4200 im Auto und 200 Kilometer auf dem Schiff.“ Ein Journalist, der schnell mitgerechnet hatte, sagte daraufhin: „Das sind aber nur 19.996 Kilometer!“ „Die restlichen vier Kilometer“, erwiderte der Ministerialrat ungerührt, „ging der Herr Bundesminister zu Fuß!“

Ludwig Erhard hatte es nicht leicht, seine Ideen von der freien und sozialen Marktwirtschaft zu verwirklichen. Man erzählte sich, der Bundeswirtschaftsminister habe bei einem seiner vielen Amerikaaufenthalte Ludwig von Mises, den großen Theoretiker des Liberalismus, in seinem Heim in New York aufgesucht. Dort habe Erhard dem alten Professor von seinem Wirken berichtet, sei auch freundlich angehört, aber schließlich mit den Worten verabschiedet worden: „Mein lieber Herr Erhard, eines muß ich Ihnen schon sagen – Sie sind halt ein Kommunist!“

Auch in der politischen Praxis des Bonner Parlaments hatte es Ludwig Erhard nicht leicht, seine marktwirtschaftlichen Vorstellungen durchzusetzen. Bei den Beratungen über das Kartellgesetz im Wirtschaftsausschuß hatte er versucht, seine Auffassungen in der Feststellung zusammenzufassen: „Wenn der Preisdruck für kleinere Betriebe zu stark wird, setzt eben eine Mengenkonjunktur ein.“ Worauf ihm ein Abgeordneter, Besitzer einer Fabrik für Emailgeschirr, erwiderte: „Herr Minister, ich will Ihnen mal was sagen. Wie Sie wissen, stelle ich Nachttöpfe her. Wenn ich Ihrem Rat folge und in der Rezession die Preise senke, nützt mir das gar nichts. Mengenkonjunktur gibt es in meiner Branche nicht — die Leute pinkeln immer gleich viel!"

Unter der Kanzlerschaft Ludwig Erhards begann die kleine Koalition der CDU/CSU mit der FDP zu zerfallen. Die immer schwieriger zu erfüllenden Forderungen des Koalitionspartners charakterisierte der Spaßvogel der CDU-Fraktion, Ernst Majonica, mit den Worten: „Die FDP verlangt schlicht und einfach, daß nicht der Hund mit dem Schwanz, sondern der Schwanz mit dem Hund wackeln soll."

Im Dezember 1966 wurde die kleine Koalition von der großen Koalition abgelöst. Ludwig Erhard trat zurück und Bundeskanzler wurde *Kurt Georg Kiesinger*, über den sein persönlicher Referent Peter Dallinger einst in der Zeitung des Stuttgarter Presseballes geschrieben hatte:

„Da schreitet als Hauptakteur auf die Szene,
mit silbriger Mähne, Kurt Georg der Schöne!"

Arthur Rathke, der Pressesprecher der CDU, sagte über Kiesinger, der wegen seiner gepflegten, manchmal pathetischen Sprechweise auch „Häuptling Silberzunge" genannt wurde: „Die CDU hat jetzt einen Heldentenor, der auch fürs lyrische Fach geeignet ist."

Der ehemalige Justizminister Ewald Bucher von der FDP sah dagegen den neuen Mann so: „Die CDU-Wähler halten Kiesinger für den idealen Kanzler, weil er katholisch ist, aber aussieht wie ein Protestant . . ."

Kiesinger hatte das politische Handwerk in Baden-Württemberg erlernt. Als er dort die Nachfolge von Gebhard Müller als Ministerpräsident antrat, sagte ihm sein Amtsvorgänger: „Ich gebe dir jetzt den gleichen Rat, den mir bei meinem Amtsantritt der Landtagsabgeordnete und Bäckermeister Tiborius Fundel gegeben hat. Er hat damals gesagt: ‚Müller, du kommst mer viel zu viel in die Zeitung. Aber eines will i dir sage: Je mehr d'Zeitung dich abdruckt, um so mehr Leut putzen sich damit den Hintern ab.'"

Vizekanzler und Außenminister der großen Koalition wurde der langjährige Regierende Bürgermeister von Berlin und Parteivorsitzender der SPD, Willy Brandt. Als ein Reporter des Österreichischen Rundfunks nach Bonn kam, um den neuen Vizekanzler zu interviewen, traf er in Brandts Dienstvilla auch dessen zwölfjährigen Peter an, der, nach seinen Berufswünschen befragt, erklärte, Geschichte studieren zu wollen. „Wer kann besser Geschichte", fragte hierauf der Reporter, „dein Vater oder du?" „Ich denke, von 1789 an er", meinte Peter Brandt.

Natürlich war es für die großen Parteien, die einander jahrelang im Parlament befehdet hatten, zunächst ungewohnt, in einer Koalition zusammenzuarbeiten. Kurt Georg Kiesinger sagte dazu in einer Versammlung vor Funktionären der CDU: „Ich kann mir vorstellen, daß es vielen von euch so geht, wie dem bayerischen Infanteristen, der im Kriege 1870/71 seufzte: ‚Ja, des war'n Zeiten, wia ma no auf de Preuß'n hab'n schiaßen dirfen!'"

Vor dem „Überseetag" in Hamburg ging Bundeskanzler Kiesinger auf die Problematik der großen Koalition mit dem Scherzwort ein: „Die einen sagen, in diesem Kabinett sitzen fähige Leute. Die anderen sagen, in diesem Kabinett sitzen Leute, die zu allem fähig sind.“

Es fehlte nicht an Leuten, die sich bemühten, die große Koalition zu einem historischen Bündnis im Sinne einer Vermählung zwischen Kapitalismus und Sozialismus hochzustilisieren. Worauf in Bonn das Witzwort umging: „Bei der Ehe zwischen Kapitalismus und Sozialismus geht es zu wie beim Geschlechtsverkehr der Elefanten. Es wird viel Staub aufgewirbelt, die Sache findet in großer Höhe statt, und die Folgen lassen auf sich warten.“

Die Kanzler kamen und gingen, doch *Franz Josef Strauß* blieb, bekleidetete in wechselnden Kabinetten wechselnde Regierungsfunktionen und sorgte für bayerisches Kolorit in der Bonner Politik. Als er noch Bundesverteidigungsminister war, charakterisierte er die Zustände in seinem Amt auf einem Herrenabend des Luftfahrtklubs in der Godesberger Redoute mit folgender Geschichte: „Eine Ziege und eine Schnecke steigen in Bonn aus dem Zug. Die Ziege fragt die Schnecke, wie man am schnellsten zum Strauß in das Bundesverteidigungsministerium käme. Die Schnecke erklärt der Ziege den Weg bis zum Vorzimmer und die Ziege setzt sich in großen Sprüngen in Bewegung. Als sie schließlich im Vorzimmer von Strauß ankommt, trifft sie dort ebenso atemwie sprachlos die Schnecke und fragt: ‚Ja, wie kommen Sie denn so schnell hierher?‘ Worauf die Schnecke lächelnd antwortet: ‚Jo mei, in dem Haus, meine Liebe, kommt man mit Kriechen schneller vorwärts!‘“

Im Kabinett der großen Koalition war Franz Josef Strauß Finanzminister und vertrug sich gut mit dem Bundeswirtschaftsminister *Karl Schiller,* der wegen seiner Eitelkeit manchmal „Callas Schiller“ und wegen der zahlreichen nationalökonomischen Fachausdrücke, die in seinen Reden vorkamen, der „Bundeswortschatzminister“ genannt wurde. Als Schiller in einer Parlamentsdebatte wieder einmal Ausdrücke wie „black boxes“, „sektorale Streuungsbreite“, „antizyklische Zielprojektion“ usw. usw. gebraucht hatte, fragte der Fraktionsvorsitzende der SPD, Helmut Schmidt, der bei Professor Schiller an der Hamburger Universität studiert hatte, fassungslos: „Karl, sag einmal, kannst du eigentlich deutsch?“

Die Journalisten machten sich im Almanach des Bonner Presseballes 1967 über den Wortschatz Karl Schillers mit folgendem Quiz lustig: „Was ist eine Talsohle? a) Tiefster Punkt eines stillgelegten Bergwerkes? b) In Volksliedern üblicher Ausdruck für Zweckpessimismus? c) Orthopädische Einlage für Senkfüße? – Was ist soziale Symmetrie? a) Die leninistisch-marxistische Variante des Goldenen Schnittes? b) Ein demoskopisches Auswahlsystem? c) Die Abgeordnetenpension? – Was ist abgestufte Präsenz? a) Der Zustand bei 2,8 Promille Blutalkoholgehalt? b) Die durchschnittliche Beteiligung an Plenarsitzungen? c) Die Zeitform im Kisuaheli?“

Die große Koalition schloß nicht aus, daß es im Parlament muntere Wortgefechte zwischen den Angehörigen der großen Parteien gab. Einmal zitierte Bundeskanzler Kiesinger vor dem Plenum ausführlich aus einem kleinen Lokalblatt in Süddeutschland und meinte dazu: „Ja, solche Lektüre muß man treiben; man muß das Ohr am Volke haben.“ Daraufhin Zwischenrufe von Herbert Wehner: „Lesen Sie mit dem Ohr?“

Als ein andermal Herbert Wehner in einer Rede vor dem Bundestag ausführlich über die neue Welt gesprochen hatte, die der Sozialismus bringen werde, replizierte Kiesinger: „Herr Kollege Wehner, ich habe Angst, daß es in Ihrer neuen Welt Wölfe im Wolfspelz und Wölfe im Schafspelz geben wird. Und wir sollen die Schafe im Schafspelz sein, die übrigbleiben."

Auf einem Herrenabend hatte Bundeskanzler Kiesinger über den Begriff Relativität philosophiert und dazu gemeint: „Drei Haare auf dem Kopf sind relativ wenig, aber drei Haare in der Suppe sind relativ viel." Bald darauf kursierte eine unfreundliche Version dieses Vergleiches in Bonn: „Drei Flaschen im Weinkeller sind relativ wenig, aber drei Flaschen in der Regierung sind relativ viel."

Die große Koalition entstand in der Bundesrepublik 1966, also in jenem Jahre, in dem sie im benachbarten Österreich nach mehr als zwanzigjähriger Dauer auseinanderging. Über ihren Verfall ist in Österreich viel philosophiert worden. Alfons Gorbach, der vorletzte Bundeskanzler einer Koalitionsregierung, meinte: „Die Koalition ist wie eine Firma, deren Bücher nicht stimmen, weil die Kompagnons die Verluste der Teilnehmer jeweils als ihren Gewinn buchen." Auch Karl Schleinzer, Landesverteidigungsminister im Kabinett Gorbach, sah in der Koalition ein Rechenexempel: „Sie ist vergleichbar einer Addition, bei der 1+1=1 ergeben soll." Andere bevorzugten den Vergleich mit einer Ehe. So Vizekanzler Bruno Pittermann, Parteivorsitzender der SPÖ: „Koalition ist eine Ehe, in der man sich über das Wirtschaftsgeld einigt, aber um das Körberlgeld streitet." Der langjährige Präsident des Nationalrates

Alfred Maleta meinte dagegen: „Früher war die Koalition ein unauflösliches katholisches Eheband; heute ist sie eine Zivilehe, die jederzeit geschieden werden kann."

Eine schwere Belastung der sich allmählich auflösenden großen Koalition in Österreich war der Habsburg-Streit im Jahre 1963. Ausgerechnet am Höhepunkt der Auseinandersetzungen, in denen die ÖVP für und die SPÖ gegen die Rückkehr Dr. Otto Habsburg war, erhielt der damalige Bundespräsident Franz Jonas einen neuen Pressereferenten in der Person eines Diplomaten aus dem Außenamt namens Alexander Otto. Was kommen mußte, kam: Ein Anrufer, der eine Auskunft in einer Presseangelegenheit haben wollte, hörte zu seiner Überraschung, wie man sich in der Präsidentschaftskanzlei mit den Worten meldete: „Hallo, hier Otto!" Worauf er fassungslos sagte: „Was, ist es schon so weit?"

Über alle großen, tiefgreifenden und schließlich nicht beizulegenden Auseinandersetzungen hinweg ging der Alltag der Politik weiter. Wie er aussah, hat Finanzminister Josef Klaus, der dem letzten Koalitionskabinett fernblieb, um sodann Kanzler der ersten Alleinregierung der ÖVP zu werden, drastisch geschildert: „Wann immer ich in die Ortschaft Vent gekommen bin, ist der Gemeinderat und Hotelier Martin Scheiber feierlich auf mich zugetreten und hat gesagt: ‚Wir haben drei Probleme in Vent: Erstens die Straße, zweitens die Straße und drittens noch einmal die Straße!'"

Nach der Ermordung John F. Kennedys im Jahre 1963 wurde *Lyndon B. Johnson* Präsident der Vereinigten Staaten. Als Führer der Demokraten im Senat war er bereits lange, bevor ihn Kennedy zu seinem Vizepräsidenten gemacht hatte, einer der mächtigsten Männer der amerikanischen Politik. Eine Geschichte, die man sich 1960, vor der Entscheidung über den Präsidentschaftskandidaten der Demokratischen Partei, erzählte, illustriert dies drastisch: Kennedy, Senator Stuart Symington und Johnson sitzen beisammen und Kennedy sagt: „Heute nacht ist mir der liebe Gott im Traum erschienen und hat mir erklärt, daß ich Präsidentschaftskandidat der Demokraten werde." „Merkwürdig", sagt darauf Symington, „mir ist der liebe Gott heute nacht auch erschienen und hat mir das gleiche gesagt." „Das allermerkwürdigste ist", erklärt daraufhin Johnson, „daß ich mich nicht erinnern kann, mit einem von euch beiden heute nacht gesprochen zu haben."

Johnsons Regierungsstil war eine merkwürdige Mischung von Routine, die auf seiner langjährigen Erfahrung beruhte, und Impulsivität, die seinem Temperament entsprach. „Präsident Johnson", meinte Verteidigungsminister Bob McNamara, „durchdenkt jedes Problem sehr gründlich, ehe er tut, was ihm gerade in den Sinn kommt."

Im Wahlkampf 1964 stellten die Republikaner als ihren Kandidaten Senator Barry Goldwater auf, der von Johnson vernichtend geschlagen wurde. Goldwater, der erste Präsidentschaftskandidat jüdischer Abstammung, war von einem vornehmen Golfklub in Washington nicht aufgenommen worden. Worauf Goldwater an die Klubleitung schrieb: „Vielleicht kann ich Mitglied werden, wenn ich nur neun statt achtzehn Löcher spiele; ich bin nämlich nur Halbjude."

Everett Dirksen, der langjährige Führer der Republikaner im Senat, war mit Lyndon Johnson befreundet, was ihn nicht hinderte, ihm zahlreiche Wortgefechte zu liefern. So replizierte er einmal auf eine Erklärung des Weißen Hauses mit den Worten: „Die Ausführungen des Präsidenten sind formal korrekt und entsprechen der Wahrheit. Sie erinnern mich allerdings an die Geschichte von dem Mann, der aus dem zwanzigsten Stockwerk eines Wolkenkratzers fällt. Wie er am sechsten Stockwerk vorbeikommt, ruft ihm ein Freund aus dem Fenster zu: ‚Okay, Mike, bis jetzt ist alles in Ordnung . . .!' "

Das alles überlagernde Problem der amerikanischen Politik der sechziger Jahre war die Rassenfrage. Was die schwarze Bevölkerung des Landes wollte, hat Martin Luther King, der bald darauf ermordet wurde, auf eine ebenso einfache wie einprägsame Formel gebracht, als er sagte: „Was wir verlangen, läßt sich in drei Worten zusammenfassen: ‚Alles', ‚jetzt' und ‚hier'!"

Als Präsident Johnson im Jahre 1968 eine neuerliche Kandidatur ablehnte, gelang *Richard Nixon,* der 1960 von Kennedy geschlagen worden war, ein von ihm ersehntes und von der Öffentlichkeit kaum erwartetes Comeback. Da sich aber bald herausstellte, daß der wichtigste Mann der amerikanischen Politik nicht der Präsident, sondern sein außenpolitischer Berater und späterer Außenminister Henry Kissinger war, kursierte in Washington folgendes Scherzwort: „Wie gräßlich, wenn Kissinger etwas zustieße! Stellen Sie sich vor: dann wäre Nixon Präsident der Vereinigten Staaten!"

Ein noch viel böseres Witzwort war über Nixons Vizepräsidenten Spiro Agnew im Umlauf: „Warum wird Vizepräsident Agnew stets von zwei Geheimpolizisten bewacht? Antwort: Damit sie ihn sofort erschießen, wenn dem Präsidenten etwas zustößt!"

Nachdem Agnew wegen Steuerhinterziehungen zurücktreten mußte, wurde Senator *Gerald Ford* Vizepräsident, und als dann Präsident Nixon im Strudel der Watergate-Affäre unterging, rückte Ford in das Weiße Haus ein. Der neue Präsident trat nicht nur das Erbe furchtbarer Skandale an, sondern sah sich auch mit einer der schwersten Wirtschaftskrisen in der Geschichte des Landes konfrontiert. Um sie zu mildern, war Ford, der als Senator immer für Sparsamkeit im Staatshaushalt eingetreten war, gezwungen, ein hohes Budgetdefizit in Kauf zu nehmen. „Der Präsident", versuchte sein Pressesprecher Ron Nessen zu scherzen, „hat keine Wendung seiner Politik um 180 Grad vorgenommen. Aber etwa 179 Grad sind es schon."

Auch in der Außenpolitik hatte es der neue Präsident schwer. Der Glanz der anfänglichen Erfolge Kissingers war längst verblaßt und Gouverneur Ronald Reagan, Fords schärfster Konkurrent um die Nominierung als republikanischer Präsidentschaftskandidat, konnte auf den Beifall der Massen rechnen, wenn er erklärte: „Laßt uns nicht zufrieden sein mit einer Außenpolitik, deren Haupteigenschaft das Recht ist, in Sibirien Pepsi Cola zu verkaufen!"

Im Osten war man anderer Ansicht. Dort waren Konsumgüter, besonders wenn sie aus dem Westen kamen, sehr begehrt. Als in einem Schaukasten in Leipzig wieder einmal die Zeitung „Neues Deutschland" mit Meldungen über die neuesten Erfolge der sowjetischen Raumschiffahrt ausgehängt war, hatte ein unbekannter Bürger mit Kreide darunter geschrieben: „Keene Butter, keene Sahne, aber uff'n Mond die rote Fahne!“

Die kommunistische Parteiführung wußte um die Unzufriedenheit der Menschen und versuchte ihr durch Agitation zu begegnen. In der Karikatur sah das dann so aus: Ein Funktionär der SED doziert in einer Betriebsversammlung: „Da fragen wir uns zunächst, was kostet bei uns ein Nylonhemd? Nun, etwa fünfzig bis sechzig Mark. Dann fragen wir uns: Und was kostet das Nylonhemd beim Klassenfeind? Nun, etwa fünfzehn bis zwanzig Mark. Nun paßt mal gut auf, Genossen: Was kostet bei uns ein Töpfchen Marmelade? Sagen wir: Eine Mark. Und beim Klassenfeind? Auch eine Mark! Und da, Genossen, müssen wir uns doch fragen: Wieviel Marmelade kann sich der Klassenfeind denn nun für sein schäbiges Nylonhemd kaufen?“

Dabei ging es den Bürgern in der DDR noch verhältnismäßig gut. So gut, daß die benachbarten Polen jede Gelegenheit benützten, über die Grenze zu kommen und in ostdeutschen Warenhäusern einzukaufen. Worauf in der DDR folgende Scherzfrage umging: „Warum wird in den Kaufhäusern jetzt jede Stunde die polnische Nationalhymne gespielt? Antwort: Da stehen die Polen still und die Deutschen kommen auch zum Einkaufen!“

In der Sowjetunion herrschte trotz aller Anstrengungen immer wieder Mangel an Grundnahrungsmitteln, der Importe aus westlichen Ländern erforderte. Die Pekinger Zeitschrift „Volksliteratur“ machte sich darüber mit der Feststellung lustig: „Die Sowjets haben eine neuartige Anbaumethode für Getreide erfunden: In Kasachstan säen und in den USA ernten.“

Wer aus dem Westen Getreide wollte, mußte auch in den Westen reisen. Als der sowjetische Ministerpräsident Aleksei Kossygin England besuchte, unterhielt er sich lange mit *Ted Heath*, der ihm die Situation der Konservativen in der Opposition erläuterte. Kossygin hörte aufmerksam zu und meinte schließlich lakonisch: „In manchen Ländern macht es mehr Spaß, Opposition zu sein, als in anderen."

Oppositionsparteien gab es zwar keine in den kommunistischen Staaten, aber zumindest die Kirche hatte sich ein gewisses Maß an Eigenständigkeit bewahrt. Als der österreichische Rundfunkjournalist *Heinz Fischer-Karwin* Dubrovnik besuchte, erklärte man ihm: „Die Altstadt ist eine Fußgeherzone. Bis elf Uhr ist sie aber für Lieferwagen offen. Nach elf Uhr darf, da wir ein kommunistischer Staat sind, nur ein Mann mit dem Auto hineinfahren – der Bischof!"

Und der polnische Journalist *Woja* charakterisierte die Zustände in seinem Lande mit den Worten: „Polen ist eine pluralistische Demokratie. Bei uns hat nicht nur die katholische Kirche, sondern auch die Kommunistische Partei etwas zu sagen."

Nach Jahren totaler Abschließung begann das kommunistische China seine Grenzen zu öffnen. Nachdem man lange Zeit nur die parteioffiziellen Aussprüche des großen Vorsitzenden *Mao Tse Tung* gekannt hatte, erfuhr man nun, daß er im Gespräch bisweilen eine sehr drastische Ausdrucksweise bevorzugte. So schilderte er einer Delegation japanischer Sozialisten längst vergangene innerparteiliche Kämpfe mit den Worten: „Es gab einen Buddha, der war ursprünglich allmächtig, doch man hat ihn in die Abortgrube geworfen, daß er entsetzlich stank. Später, auf dem langen Marsch, haben wir eine Konferenz abgehalten, und damals habe ich stinkender Buddha wieder begonnen, Wohlgeruch anzunehmen."

Chinesen kamen auf Gegenbesuch in den Westen, was gewisse Probleme aufwarf. Als eine Ärztedelegation Bayern besuchte, ließ das Sozialministerium in München allen Gastgebern folgende Mitteilung zukommen: „Soferne während der Besichtigung durch die Delegation aus der Volksrepublik China Getränke gereicht werden, sollte an Stelle des üblichen Kaffees Tee gereicht werden. Dabei ist die Sorte nachrangig, da die Qualität des in China verabreichten Tees ohnehin nicht erreicht wird."

Von allen kommunistischen Staaten Europas hatte sich die Tschechoslowakei am längsten gegenüber Kontakten mit Ländern außerhalb des Ostblocks verschlossen. Erst 1976 fuhr in der Person *Bruno Kreiskys* zum ersten Male ein österreichischer Bundeskanzler seit dem Zweiten Weltkrieg nach Prag. Zum Abschluß seines Besuches lud er nicht nur seine Gastgeber zu einem Gegenbesuch ein, sondern forderte sie auch auf, mitzubringen, wen immer sie wollten. Zurückhaltend antworteten die Prager Funktionäre: „Aber werden Sie da in Wien genug Hotelbetten haben?" „Das ist kein Problem", beruhigte sie der österreichische Regierungschef, „die können doch alle bei Verwandten wohnen!"

Nach einundzwanzig Jahren großer Koalition war die innenpolitische Szene Österreichs mit den Nationalratswahlen 1966 in Bewegung geraten. Eine Alleinregierung der ÖVP wurde nach vier Jahren von einer Alleinregierung der SPÖ abgelöst. Eines blieb freilich über alle Veränderungen hinweg gleich – österreichische Politik pflegt am Abend oft beim Heurigen zu enden. Westdeutsche Fernsehjournalisten waren jedenfalls sehr erstaunt, als ihnen zum Abschluß eines langen Drehtages in Wien Bundeskanzler Kreisky in Grinzing „Stellts meine Roß in Stall" anstimmte und der Präsident des Nationalrates und des Gewerkschaftsbundes, Anton Benya, „Wien, Wien nur du allein" sang. Benya kommentierte seine Darbietung mit den Worten: „Wie i als junger Mensch amal beim Heurigen gsungen hab, is a Mann zu mir kommen und hat gsagt: ‚Mit der Stimm hättns fürn Caruso einspringen solln. Aber beim Sterben, dann wär er der Welt erhalten blieben.'"

Ein häufiger Heurigenpartner Bruno Kreiskys ist der Schauspieler Fritz Muliar, den der Kanzler einmal in vorgerückter Stunde aufforderte: „Geh, sing mir was vor!" Darauf Muliar: „Nur, wann du mir was vorregierst!" Darauf wiederum Kreisky: „I hab heut scho viel regiert, aber du hast no nix gsungen."

Es gibt außer dem Wein noch etwas, was viele Politiker Österreichs und der benachbarten Alpenländer über Parteigrenzen hinweg verbindet – die Jagd. Und es ist ein schöner Beweis für die Toleranz innerhalb der ÖVP, daß der oberösterreichische Nachwuchspolitiker Josef Ratzenböck zum Landeshauptmann aufsteigen konnte, obwohl er in seinen politischen Anfängen einmal den mächtigen Generalsekretär seiner Partei, Hermann Withalm, einen begeisterten Jäger, mit der Frage schockiert hatte: „Sagns, Herr Generalsekretär, wanns die Viecherln gschossen haben, stopfens dann die Hörndln aus und hängens es an die Wand?"

In die Natur zieht man nicht nur der Jagd wegen. Als eine Wiener Tageszeitung die Mitglieder der österreichischen Bundesregierung nach ihren Urlaubsaufenthalten fragte, antwortete Innenminister *Otto Rösch:* „Eine Sennhütte in der Steiermark. Da sind früher neun Rindviecher eingestellt gewesen und jetzt bin ich allein drin."

Otto Rösch ist ein passionierter Pfeifenraucher. Nachdem seine Regierungskollegin Ingrid Leodolter, die das Gesundheits- und Umweltschutzressort betreut, eine „Raucherfibel" herausgebracht hatte, in der vor Nikotinmißbrauch gewarnt wurde, befragte man Rösch, was er mit der Broschüre gemacht habe. Seine Antwort: „I habs an Raucher gschenkt!"

Noch drastischer fiel das Urteil des Klubobmannes der ÖVP, Professor Stephan Koren, eines leidenschaftlichen Zigarettenrauchers, aus. Befragt, was er von der Raucherfibel halte, meinte er: „Schundliteratur les' ich nicht!"

Die Frau Minister für Gesundheit und Umweltschutz, Primaria *Dr. Ingrid Leodolter*, hatte es nicht leicht. Ihr Ressort war umstritten, ihre Befugnisse waren gering, ihre Amtsführung wurde kritisiert. Ein Beamter ihres Ministeriums beklagte sich bei einem Kollegen: „Im Umweltschutz kann ja nichts weitergehen. Die Frau Minister hat so wenig Kompetenzen, daß sie praktisch nichts unternehmen kann." Darauf der andere: „Hast du ein Glück! Bei uns in der Gesundheit, da unternimmt sie was."

Die Regierungen kamen und gingen, die Landesfürsten blieben. Als sich der neue Landeshauptmann-Stellvertreter der Sozialisten in Tirol, Dr. Herbert

Salcher, erstmals beim Landeshauptmann Eduard Wallnöfer meldete, erhielt er den freundlichen Rat: „Herr Doktor, merken S' Ihna, des Land is nur zu regieren mit jeden Tag an Mißbrauch der Amtsgewalt!"

Im Schatten so mächtiger Landesfürsten Politik zu betreiben, war nicht leicht. In der Steiermark half sich der sozialistische Landeshauptmann-Stellvertreter Adalbert Sebastian, indem er eine neue Version des Urchristentums verbreitete. „Jesus", so predigte er seinen Wählern, „war der erste SP-Vertrauensmann."

In der Bundesrepublik hatte die große Koalition kaum drei Jahre gehalten. Bei den Wahlen im Herbst 1969 erlitt die CDU/CSU Einbußen, blieb aber stärkste Partei, die SPD gewann und die FDP verlor Stimmen. Als sich noch in der Wahlnacht die neue sozialliberale Koalition abzuzeichnen begann, kommentierte der Vorsitzende der FDP, *Walter Scheel*, diese Wendung aus der Sicht seiner Partei mit den Worten: „Es gehört schon ganz unwahrscheinliches Glück dazu, aus einer Drehtür, die man als letzter betreten hat, als zweiter herauszukommen."

Wählerinitiativen hatten der SPD zum Erfolg verholfen. Auch die Schauspielerin Ursula Herking hatte sich für Diskussionen zur Verfügung gestellt. Wenig Erfolg hatte sie freilich, als sie auf die Frage nach ihrer Stellungnahme zur Preisentwicklung unter allgemeinem Gelächter antwortete: „Davon weiß ich nichts Bestimmtes, da mein Mann immer einkauft." Als sie auch auf die Frage, ob die Bodenwertzuwachssteuer auf unbebaute Grundstücke angewendet werden sollte, verständlicherweise keine Antwort geben konnte, meinte der Fragesteller: „Man benützt also nur Ihren Namen, um mit Ihnen anzugeben.“ Darauf Ursula Herking: „Mit mir kann man nicht angeben.“ Darauf der Fragesteller: „Da haben Sie recht!“

Der neue Bundeskanzler *Willy Brandt* wurde zum Vorkämpfer einer neuen Ostpolitik. Im September 1971 traf er auf der Krim mit dem sowjetischen Parteichef Leonid Breschnew zusammen. Um die Atmosphäre aufzulockern, erzählte man sich Witze. Brandt begann mit der Scherzfrage: „Was ist der Unterschied zwischen Kapitalismus und Kommunismus? Antwort: Im Kapitalismus beutet der Mensch den Menschen aus und im Kommunismus ist es genau umgekehrt!“

Breschnew revanchierte sich mit einer angeblich selbst erlebten Anekdote: „Beim Besuch einer Kolchose im Kaukasus habe ich über den Fünfjahresplan und seine Auswirkungen gesprochen: ‚Für die Kinder wird es jeden Tag Milch geben, für alle Leute Fleisch am Sonntag, einmal im Jahr ein Paar Schuhe für jeden Sowjetbürger und für die Frauen zweimal im Jahr Stoff für ein Kleid.‘ Als ich fertig war, stand hinten im Saal eine alte Bäuerin auf und sagte: ‚Habe ich Sie richtig verstanden, Gospodin Generalsekretär, daß es wieder ungefähr so werden wird wie unter Väterchen Zar?‘ “

Zu Hause hatte die sozialliberale Koalition mit wirtschaftspolitischen Schwierigkeiten zu kämpfen. Willy Brandt sah sich vor dem SPD-Parteitag gezwungen, um Verständnis für die Wirtschaft zu werben, was er mit dem Vergleich tat: „Wir müssen die Kuh für eine Menge von Dingen, die wir uns vorgenommen haben, melken. Das heißt, die Kuh muß in guter Verfassung gehalten werden und – was noch wichtiger ist – wir müssen dafür sorgen, daß sie auf der Weide oder im Stall bleibt und nicht woanders landet.“ Einige Tage darauf replizierte die „Arbeitsgemeinschaft Bekleidungsindustrie“ mit folgender Zeitungsanzeige auf die Erklärung des Bundeskanzlers: „Das Glück der Kuh wird nicht durch höhere Milchforderungen beeinträchtigt, sondern durch das unwirtliche Klima auf der Weide. Das Glück der Kuh hängt davon ab, daß sie nicht dauernd angeblökt wird. Vor allem nicht von Kälbern, die in ihrem Leben noch nie einen Liter Milch haben geben müssen.“

In der Anfangszeit der sozialliberalen Koalition entstanden so viele politische Witze, daß sich die Bundesregierung in Bonn schließlich veranlaßt sah, Psychologen mit diesem Phänomen zu befassen. Alle diese Scherze waren Variationen über ein Thema: „Der Bundeskanzler hat einen neuen Chefberater ernannt. Er stammt aus China und heißt ‚Wat Nu‘. – Warum lernt der Kanzler jetzt Griechisch? Weil er mit seinem Latein am Ende ist! – Was passiert, wenn die sozialliberale Regierung in die Wüste geschickt wird? Zunächst gar nichts, aber nach drei Monaten wird der Sand teurer. – Herbert Wehner klingelt bei Herrn Maier: ‚Sie haben den zweiten Preis eines Preisausschreibens gewonnen, einen Händedruck des Kanzlers‘. Maier entsetzt: ‚Dem schüttle ich nicht die Hand, den trete ich in den Hintern.‘ Wehner: ‚Das dürfen Sie nicht, das ist der erste Preis!‘“

Unbeirrt durch Kritik ging die SPD daran, ihre Ziele zu verwirklichen. Eine Langzeitkommission wurde beauftragt, Richtlinien für die Verwirklichung sozialistischer Politik zu erarbeiten. Dabei ging es nicht ohne fröhliche Selbstkritik ab, wie die nachstehenden Notizen beweisen, die ein Delegierter aus Baden-Württemberg unter dem wohlklingenden Pseudonym Horst von Oertzenberg veröffentlichte: „Sozialismus ist die Aufgabe, sich selbst an den eigenen Haaren aus dem Sumpf zu ziehen, was physikalisch nicht geht, aber gesellschaftlich möglich ist, wie wir am Neandertaler sehen, der sich selbst zum Menschen gemacht hat. – Das Godesberger Grundsatzprogramm ist der hundertjährige Bauernkalender der Partei. – Das schlechte Deutsch in dieser Formulierung wird akzeptiert, weil es von Bildungspolitikern stammt. – Bei der Vaterschaftsprüfung haben wir das Verursacherprinzip schon verwirklicht. – Recycling bedeutet, daß die alten Flaschen immer wieder verwendet werden können, das ist wie bei uns in der Partei."

Schließlich wurde aber auch in der eigenen Partei immer offener Kritik am Bundeskanzler geübt. So charakterisierte Bundesminister Hans-Jochen Vogel den Regierungsstil Willy Brandts mit den Worten: „Der Kanzler regiert, wie er angelt. Er wartet, daß die Entscheidungen vorüberschwimmen."

Im Gefolge der Affäre Guilleaume trat Willy Brandt schließlich zurück, und *Helmut Schmidt*, von der „Zeit" der „Kanzler mit dem Zeigefinger" und vom „France Soir" noch drastischer „Le Feldwebel Helmut" genannt, wurde Regierungschef. Tatsächlich liebte es der neue Kanzler zu belehren, wobei er nicht immer so feinfühlig vorging wie auf dem Parteitag der englischen Sozialisten. Dort hatte er die Briten, die zögerten, der EWG beizutreten, mit Versen ihres Landsmannes Shakespeare ermutigt:

„Es gibt Gezeiten auch für unser Tun:
Nimmt man die Flut wahr, führet sie zum Glück;
Versäumt man sie, so muß die ganze Reise
Des Lebens sich durch Not und Klippen winden.
Wir sind nun flott auf solcher hohen See
Und müssen, wenn der Strom uns liebt, ihn nutzen,
Wo nicht, so geht uns Schiff und Gut verloren."

Das Zögern der Labourregierung in der EWG-Frage, das nicht nur in der Bundesrepublik auf Unwillen stieß, wurde von der britischen Zeitschrift „The Economist" mit einer drastischen Formulierung kommentiert: „Wenn die Herren Schmidt, Fanfani und Giscard d'Estaing einmal ihre Memoiren schreiben, wird der Rechtsanwalt von Premierminister Wilson viel zu tun haben."

Der Unmut der Deutschen, die als wirtschaftliche Musterknaben Europas auch die meisten Lasten zu tragen hatten, war berechtigt. Ein EWG-Beamter aus der Bundesrepublik formulierte es so: „Wir sind nicht nur Europäer, wir sind vor allem Euro-Payer."

Im Kabinett der Sozial-Liberalen hatte Helmut Schmidt 1972 die Kapitalverkehrskontrollen zur Eindämmung des Dollarstromes, der in die Bundesrepublik floß, unterstützt. Wirtschaftsminister Schiller war aus Protest gegen diese dirigistischen Maßnahmen zurückgetreten und die weitere Entwicklung hatte gezeigt, daß Schiller recht und Schmidt unrecht gehabt hatte, da es nicht gelungen war, die Dollarzufuhren zu unterbinden. Ausgerechnet über dieses Thema schrieb Schmidts Tochter Susanne, 28 Jahre alt und diplomierte Volkswirtin, eine Doktorarbeit. Als der Bundeskanzler in das Manuskript der Dissertation Einblick nehmen wollte, erhielt er die Antwort: „Vati, das verstehst du sowieso nicht. Du hast ja keine Ahnung, was ich da für ein theoretisches Zeug drumherum schreiben muß."

Mehr Sorgen als mit der Jugend in seiner Familie hatte der Kanzler mit der Jugend in seiner Partei, die verstärkte Berücksichtigung der Basis, mehr Transparenz, Verwirklichung des Sozialismus und vor allem viele Diskussionen forderte. Was Helmut Schmidt einmal zu der lakonischen Feststellung veranlaßte: „Das Kommunistische Manifest wäre wohl nie zustande gekommen, wenn zuerst die Bezirksverbände damit beauftragt worden wären."

Eine große Sensation der deutschen Innenpolitik war der Sieg von *Franz Josef Strauß,* dem es bei den bayerischen Landtagswahlen mit seiner CSU gelang, die Traumgrenze von 60 Prozent der Wählerstimmen zu überschreiten. Das Ereignis inspirierte die „Süddeutsche Zeitung" zu einem „Englischen Filserbrief für Fortgeschrittene", in dem es hieß: „Zenzilove, the sparrows whistle it already from the roofs: The Franzä is in the come! Even the harnecky Eyestone from the federal leftleaf gives finally little by. The Mirror-Boss has endly spanned also that it can not go farer so and that the Franzä must here as last salvation in the national need."

Auch außenpolitisch sorgte Franz Josef Strauß für eine Sensation, als er nach China fuhr und dort von Mao Tse Tung persönlich empfangen wurde. Wieder war es die „Süddeutsche Zeitung", die das Ergebnis in einer prägnanten Schlagzeile zusammenfaßte: „Schlitzohr trifft Schlitzauge."

Helmut Kohl, Vorsitzender der CDU, hatte es nicht leicht, sich neben einer so dynamischen Persönlichkeit wie Franz Josef Strauß durchzusetzen. Seine Berater taten, was sie konnten, um den redlichen, aber etwas trockenen Ministerpräsidenten von Rheinland-Pfalz aufzubauen. Als sich die Christdemokraten 1975 zu ihrem Parteitag zusammenfanden, lagen in der Pressemappe folgende Anmerkungen zur Person des Parteivorsitzenden: „Schon der Name gibt viel her. Oder, um es mit Kohl zu sagen: Wer Kohl heißt, ist selber schuld, wenn er in die Politik geht. Kohlege kommt gleich, Kohlaps, Nolens Kohlens, Kohlera, Kohl reden, Kohlportage ..."

Die Politik der siebziger Jahre war allenthalben durch einen tiefgreifenden Wandel gekennzeichnet. In Portugal wurde 1975 das autoritäre Regime Salazars nach jahrzehntelanger Herrschaft gestürzt. Was zunächst folgte, war eine Zeit der Unruhe und wie immer in solchen Zeiten blühte der politische Witz. So kursierte in Lissabon die Scherzfrage: „Warum kostet die KP-Zeitung ‚Diario de Noticias' vier Escudos, die ‚Prawda' aber nur drei? Antwort: Weil die Übersetzung einen Escudo kostet."

Ein anderes Scherzwort, das zur gleichen Zeit umging, lautete: „Die Revolution hat Portugal zum größten Land der Erde gemacht: Die Hauptstadt ist Lissabon, die Regierung sitzt in Moskau, ein Großteil der Bevölkerung ist in Brasilien und das Geld in der Schweiz."

Der Nahe Osten stand im Zeichen des alten Konflikts mit ständig neuer Eskalation. Als der stellvertretende Ministerpräsident und Außenminister Israels, *Jigal Allon,* bei einem Besuch in Berlin gefragt wurde, ob er mit der PLO verhandeln würde, falls diese sich ändern sollte, antwortete er: „Sie wollen eine hypothetische Antwort auf eine hypothetische Frage. Das kommt mir so vor, als fragten Sie mich: Hier ist ein Stier, könnten Sie auf ihm reiten, wenn er ein Pferd wäre? Darauf kann ich nur sagen: Bringen Sie mir das Pferd, dann werde ich Ihnen zeigen, ob ich es reiten kann."

Aus dem Konflikt im Nahen Osten war der „Erdölschock" erwachsen, der seinerseits wiederum die weltweite Inflation verschärfte. Jeder Finanzminister versuchte auf seine Weise mit dem Problem fertigzuwerden. In Österreich erklärte Minister Hannes Androsch: „Nur durch eine deutliche Trennung zwischen Teuerung und Inflation kann verhindert werden, daß sich aus der gegenseitigen Aufschaukelung eine sekundäre Kosteninflation ergibt." Worauf der Generalsekretär der ÖVP, Erhard Busek, in bester Oppositionsmanier höhnte: „Der Finanzminister unterscheidet jetzt zwischen Teuerung und Inflation. Er sagt: ‚Die Teuerung wird importiert, die Inflation aber kommt aus dem Ausland.'"

Im Gefolge der Inflation kam die Arbeitslosigkeit. Als das Bundesministerium für Arbeit in Bonn eine beschwichtigende Statistik veröffentlichte, aus der hervorging, daß es in der Bundesrepublik noch immer Arbeitsplätze gebe, replizierte die Gewerkschaft Textil und Bekleidung mit der ironischen Frage: „Glaubt das Bundesministerium, daß es für eine entlassene verheiratete Näherin in Aschaffenburg ein ausreichender Trost wäre, in Hamburg eine offene Stelle zu kennen?"

Ein bezeichnendes Schlaglicht auf die Situation der Bundesrepublik, die einst als das vollkommene Wirtschaftswunderland gegolten hatte, warf ein Inserat im „Hinterländer Anzeiger": „Suche zum 1. August 1976 Lehrstelle für meine Tochter Karin. Biete zwei Wählerstimmen für den Bundestag 1976."

Während die Politiker früher gerne von der Zukunft gesprochen und verheißungsvolle Prognosen erstellt hatten, zwang sie nun die zunehmende wirtschaftliche Unsicherheit zur Zurückhaltung. Als man Österreichs Bundeskanzler Bruno Kreisky nach seiner Einschätzung der Konjunkturentwicklung fragte, meinte er mit seltener Wortkargheit: „Ich bin kein Prophet. Ich glaub' es ist seit Jesaia überhaupt schwer zu prophezeien."

Nicht nur die Propheten, auch die Warner hatten es schwer. Ein Journalist, der Professor Stephan Koren, den Klubobmann und Wirtschaftsexperten der Österreichischen Volkspartei, interviewte, begann das Gespräch mit den Worten: „Sie werden immer als Kassandra bezeichnet. Ganz abgesehen davon, daß die Kassandra immer recht behalten hat..." Koren unterbrach ihn: „Sie ist nur erschlagen worden, wie Sie wissen ... !"

Den Hintergrund der wirtschaftlichen Veränderungen bildete ein tiefgreifender gesellschaftlicher Wandel. Während in der Bundesrepublik die Freigabe der Abtreibung durch höchstgerichtliches Urteil wieder aufgehoben wurde, blieb sie in Österreich zwar in Kraft, doch waren nur wenige Ärzte und Spitäler bereit, das neue Gesetz auch anzuwenden. Als daraufhin ein Mitarbeiter des „Spiegel" ein österreichisches Regierungsmitglied fragte, ob ein Staat, der die Abtreibung freigebe, nicht auch für ihre Durchführung sorgen müsse, erhielt er die Antwort: „Nein. Das käme mir so vor, wie wenn die

Homosexuellen nach Einführung der Straffreiheit für gleichgeschlechtliche Liebe vom Staat die Beistellung eines Freundes verlangt hätten."

In den Bemühungen um die Gleichstellung der Frau war England mit einem Gesetz, das jede Diskriminierung weiblicher Mitarbeiter bei Gehaltszahlungen und sogar bei Stellenangeboten untersagte, besonders weit gegangen. Prompt wurde das Gesetz daraufhin umgangen. So erschien im „Sidmouth Herald" folgendes Inserat: „Mechaniker gesucht. Gut bezahlte Dauerbeschäftigung. Geschlecht unwesentlich; vorausgesetzt der Betreffende ist bereit, die Herrentoilette zu benützen."

In Österreich, wo das Ehe- und Familienrecht reformiert wurde, kommentierte ein Jurist die vermögensrechtlichen Konsequenzen der Neuerungen mit der lakonischen Feststellung: „Die Frau erhält den Namen ihres Mannes in der Stunde der Heirat. Der Mann erhält den Namen seiner Frau in der Stunde der Pleite."

Große Anstrengungen wurden auch in der Reform des Strafvollzuges unternommen. Die Bevölkerung hatte dafür nur wenig Verständnis und vertrat eher die Ansicht, die der amerikanische Soziologe *Robert Martinson* auf einer Fachtagung in die deprimierenden Worte gekleidet hatte: „Ein Dieb, der im Gefängnis zum Tischler ausgebildet wird, ist nach seiner Entlassung nichts weiter als ein Dieb, der mit Holz umzugehen versteht."

Am umwälzendsten waren die Reformen im Bereich der Erziehung, und dementsprechend waren die Reaktionen der Betroffenen am heftigsten. Auf einer

Bürgerversammlung wurde der hessische FDP-Minister für Wirtschaft und Technik, *Heinz Herbert Karry*, wegen der Rahmenrichtlinien für den Schulunterricht attackiert. Ein Vater klagte: „Mein Sohn hat ein Schulbuch, in dem wird verlangt, daß er täglich mindestens einmal laut ‚Scheiße' sagt." Karry zog sich mit einem Scherzwort aus der Affäre: „In meiner Zeit haben wir dafür noch kein Schulbuch gebraucht!"

Die Angst vor Veränderung der Gesellschaft durch Veränderung der Schule brachte der bayerische Kultusminister *Hans Maier* auf die Formel: „Früher war die Parole der radikalen Linken: Revolution der Erziehung. Jetzt lautet sie: Erziehung zur Revolution."

Die Gesellschaftsveränderer bezweifelten allerdings, daß es ihnen gelungen war, ihre Vorstellungen zu verwirklichen. Nachdenklich meinte der ehemalige Vorsitzende der SPD in Schleswig-Holstein, *Jochen Steffen*, ein Exponent des linken Flügels seiner Partei: „Wenn sich etwas als äußerst dauerhaft erwiesen hat, dann ist es der Kapitalismus in seinem ‚letzten Stadium' . . ."

Die Problematik der Finanzierbarkeit des Wohlfahrtsstaates wurde offenbar, als in Schweden zwei prominente Künstler, der Filmregisseur *Ingmar Bergman* und die Schriftstellerin *Astrid Lindgren*, in Konflikt mit den Steuerbehörden ihres Landes gerieten. Bergman, den die Polizei wegen des Verdachtes der Steuerhinterziehung von einer Probe weggeholt und stundenlang verhört hatte, verließ daraufhin das Land mit einem Wort von August Strindberg auf den Lippen: „Paß auf, Teufel, wir treffen uns in meinem nächsten Stück!"

Astrid Lindgren dagegen, Autorin der beliebten Kindergeschichte „Pippi Langstrumpf“, setzte sich hin und verarbeitete ihre Erlebnisse mit dem schwedischen Finanzministerium zu einem Märchen. Es spielte im Lande Monismanien, es gab darin einen Reichssteuermeister und eine Marginalsteuer und vor allem eine Fee Pomperipossa, die, weil sie nie Schulden gemacht und auch auf keine anderen steuersparenden Einfälle gekommen war, 102 Prozent Steuern zahlen sollte. „Da begann“, so endete das Märchen, „Pomperipossa zu weinen. ‚Du liebe Sozialdemokratie‘, schluchzte sie, ‚meiner Jugend schönster Traum, was hast du nur aus uns Menschen gemacht?‘ “

Jahrelang hatten Regierende und Regierte gleichermaßen geglaubt, daß eine stetig wachsende Wirtschaft auch einen ständig steigenden Wohlstand und damit eine sichere und sorgenfreie Zukunft für alle garantiere. Mit Erdölschock, Inflation, Arbeitslosigkeit, Krisen, Reformangst und Steuerdruck erinnerte die Politik der siebziger Jahre aber an die Mahnung, die der aus Österreich stammende und in England lebende Philosoph Sir Karl Popper ausgesprochen hatte: „Jeder Versuch, den Himmel auf Erden zu schaffen, produzierte bisher noch immer die Hölle ...“

Postscriptum

oder

POLITISCHE POINTEN

Wer nicht politisiert,
mit dem wird politisiert.

Josef Taus, 1975

Politik sehe ich als nichts anderes an, als die Wissenschaft von einer planmäßigen Entwicklung der Gesellschaft nach den Regeln größter Nützlichkeit und Annehmlichkeit für sich selbst. *Woodrow Wilson*

Die Politik ist keine Wissenschaft, wie viele Herren Professoren meinen, sondern eine Kunst.
Otto von Bismarck

Die Politik, sie ist das Schicksal. *Napoleon I.*

Nicht die Politik ist das Schicksal, sondern die Wirtschaft. *Walther Rathenau*

Politik ist die Kunst, das Geld der Reichen und die Stimmen der Armen unter dem Vorwand zu erhalten, die einen vor den anderen zu schützen.
Vapereau Valtour

Das Programm eines Konzertes ist nicht das Konzert. So ist das Programm einer politischen Partei nicht die Politik der Partei. *Paul Anton de Lagarde*

Ohne Ehrlichkeit keine Politik. *Camillo Cavour*

In der Politik kann man selten ehrlich sein.
Léon Gambetta

In der Politik ist es manchmal wie in der Grammatik: Ein Fehler, den alle begehen, wird schließlich als Regel anerkannt. *André Malraux*

Am gefährlichsten in der Politik sind Leute mit starker Phantasie und schwachen Nerven.

Robert Schuman

Man soll in der Politik niemals „Niemals“ sagen.

Ignaz Seipel

Eine Woche ist in der Politik eine lange Zeit.

Harold Wilson

Wer Chemiker werden will, muß Chemie studieren; wer Jurist oder Arzt werden will, muß Recht oder Medizin studieren; aber um Politiker zu werden, ist lediglich das Studium der eigenen Interessen erforderlich. *Max O'Rell*

Ein Politiker denkt an die nächste Wahl; ein Staatsmann an die nächste Generation. *James Clarke*

Ein Staatsmann ist ein erfolgreicher Politiker, der tot ist. *Thomas Reed*

Ein Politiker ist ein Mensch, mit dessen Politik du nicht übereinstimmst; wenn du es tust, dann ist er ein Staatsmann. *Lloyd George*

Da man als Politiker ohnehin nie weiß, wie das, was man tut, sich auswirken wird, kann man gleich das Anständige tun. *Winston Churchill*

Der erfolgreichste Politiker ist derjenige, der das sagt, was alle sagen, und der es am lautesten sagt.

Theodore Roosevelt

In der Politik glänzt so mancher, auch wenn er keinen Schimmer hat. *Armin Halle*

Der Politiker unterscheidet sich vom Wissenschaftler dadurch, daß er sehr lange reden kann, ohne etwas sagen zu müssen. *Bertrand Russell*

Gewisse Politiker sind wie eiserne Rationen. Man sollte sich ihrer nur im äußersten Notfall bedienen. *François Mauriac*

Die Regierung, sogar die beste, ist nichts anderes als ein notwendiges Übel; die schlechteste ist unerträglich. *Thomas Paine*

Die schlechteste Regierung ist diejenige, die nichts tut. *Otto von Bismarck*

Es ist ein großer Fehler, eine Regierung langweilig werden zu lassen. *Clement Attlee*

Die Kunst des Regierens besteht im Versüßen bitterer Pillen. *Adolphe Thiers*

Wenn man regieren will, darf man die Menschen nicht vor sich herjagen, sondern muß sie zum Folgen bringen. *Charles Montesquieu*

Keine Regierung kann sich lange ohne eine mächtige Opposition in Sicherheit befinden. *Benjamin Disraeli*

Die Opposition ist eine Ziege, die ihre Pflicht bereits durch Meckern erfüllt. Milch sollte man von ihr nicht auch noch verlangen. *Kai Jensen*

Ein Trost bleibt den geschlagenen Kandidaten – sie müssen ihre Wahlversprechen nicht halten.
André Siegfried

Wer einer geschlagenen Partei beitritt, hat entweder Charakter oder keinen Verstand. *William Gladstone*

Demokratie ist auf der Überzeugung aufgebaut, daß gewöhnliche Menschen ungewöhnliche Fähigkeiten haben. *Harry Emerson Fosdick*

Die Demokratie setzt die Vernunft im Volk voraus, die sie erst hervorbringen soll. *Karl Jaspers*

In dem Glauben an die Ideale ist alle Macht wie alle Ohnmacht der Demokratie begründet.
Theodor Mommsen

Die Demokratie rennt nicht, aber sie kommt sicherer zum Ziel. *Johann Wolfgang von Goethe*

Es ist besser, eine Frage zu diskutieren, ohne sie zu regeln, als sie ohne Diskussion zu regeln.
Joseph Joubert

Gedankenaustausch ist ein Wort für die Unterredung zwischen Staatsmännern, bei der jeder auf seinen Gedanken beharrt. *Pierre Daninos*

Die öffentliche Meinung ist alles. Mit ihr gibt es keine Niederlage, ohne sie keinen Erfolg. *Abraham Lincoln*

Die Öffentlichkeit kauft sich ihre Meinung so wie man Milch kauft, weil es billiger kommt, als eine Kuh zu halten. Man muß dabei nur in Kauf nehmen, daß die Milch verwässert wird. *Samuel Butler*

Nie wird so viel gelogen wie vor einer Wahl, während eines Krieges und nach einer Jagd.

Otto von Bismarck

Es ist immer die beste Politik, die Wahrheit zu sprechen, es sei denn, daß man ein ungewöhnlich guter Lügner ist. *Jerome K. Jerome*

Man muß manchmal seine Meinung wechseln, um bei einer Partei zu bleiben, oder die Partei wechseln, um bei seiner Meinung bleiben zu können.

André Siegfried

Der Gesetzgeber soll denken wie ein Philosoph, aber reden wie ein Bauer. *Rudolf von Ihering*

Schlechte Gesetze sind die schlimmste Form der Tyrannis. *Edmund Burke*

Der heutige Staat gleicht einem kastrierten Kater. Er wird immer dicker, aber was ihm fehlt, ist die Potenz.

Rüdiger Altmann

Jeder erwartet vom Staat Sparsamkeit im allgemeinen und Freigebigkeit im besonderen. *Anthony Eden*

Die Wahlversprechen von heute sind die Steuern von morgen. *Mackenzie King*

Staatskunst ist heutzutage meist die Kunst, stets neue Gründe für neue Steuern zu entdecken. *Helmar Mahr*

Man sollte mehr von den Steuern und weniger von den Steuerzahlern verlangen. *Alphonse Allais*

Der Staatshaushalt ist ein Haushalt, in dem alle essen möchten, aber niemand Geschirr spülen will.

Werner Finck

Fortschritt ist der Übergang von Situationen, deren Nachteile man schon kennt, zu Situationen, deren Nachteile man noch nicht kennt. *Arnold Gehlen*

Die Erfahrung hat uns gelehrt, daß wir am meisten auf den Schutz unserer Freiheit achten müssen, wenn die Regierung wohltätige Absichten verfolgt.

Louis Brandeis

Die Freiheit des Menschen liegt nicht darin, daß er tun kann, was er will, sondern darin, daß er nicht tun muß, was er nicht will. *Jean-Jacques Rousseau*

Für mich ist eine Gesellschaftsordnung dann freiheitlich, wenn man sich darin gefahrlos unpopulär machen kann. *Adlai Stevenson*

Macht korrumpiert, absolute Macht korrumpiert absolut. *Lord Acton*

Macht korrumpiert, aber Mangel an Macht korrumpiert noch mehr. *Adlai Stevenson*

Die Philosophen haben die Welt nur verschieden interpretiert. Es kommt darauf an, sie zu verändern.

Karl Marx

Marx meinte, es käme darauf an, die Welt zu verändern. Ich meine, es kommt darauf an, sie ein bißchen menschlicher zu machen. *Karl Steinbuch*

Ein Mensch ist nicht viel. Aber nichts ist so viel wie ein Mensch. *André Malraux*

Man kann das ganze Volk eine Zeitlang täuschen und man kann einen Teil des Volkes die ganze Zeit täuschen, aber man kann nicht das ganze Volk die ganze Zeit täuschen. *Abraham Lincoln*

Es ist ein Irrtum, zu glauben, daß die politische Form, unter der ein Volk lebt, die Quintessenz seines innersten Wesens ist — das ist sehr selten. Sie ist nur der Ausdruck dafür, was es erträgt. *Kurt Tucholsky*

Inhaltsverzeichnis